Arquitectura, Naturaleza y Diseño

ARQ. MANUEL IGNACIO NET

Arquitectura, Naturaleza y Diseño

ARQ. MANUEL IGNACIO NET

nobuko

Net, Manuel

    Arquitectura, naturaleza y diseño - 1a ed. - Buenos Aires : Nobuko, 2008.

    214 p. : il. ; 21x15 cm.

    ISBN 978-987-584-140-6

    1. Arquitectura. I. Título

    CDD 720

Diseño de tapa: Sheila Kerner

Diseño general: Florencia Turek

Corrección: Cristina Álvarez

Hecho el depósito que marca la ley 11.723

ISBN-13: 978-987-584-140-6

Abril de 2008

Dedicado a:

ESTRELLA, EDUARDO,

AGRIPINA Y MANUEL

Índice

Prólogo

"La finalidad de la cultura, no es la realización de la dicha sobre la tierra, sino la realización de la libertad, de la auténtica autonomía, que no representa el dominio técnico del hombre sobre la Naturaleza, sino el dominio moral del hombre sobre sí mismo."

ERNST CASSIRER

NATURALEZA: Conjunto, orden y disposición de todas las entidades que componen el universo. Cuarta acepción del Diccionario de la Lengua Española, Vigésima edición, 1984.

ARQUITECTURA: Arte de proyectar y construir edificios. Diccionario abreviado Espasa Calpe.

BIÓNICA: Aplicación del conocimiento sobre los seres u organismos vivos, al proyecto de máquinas o dispositivos. Diccionario enciclopédico de términos técnicos. JAVIER L. COLLAZO, 1980.

Estos apuntes no son para ninguna materia en especial. Comenzaron como un ayuda-memoria para seguir o pautar una clase. Están desordenados, porque solamente se quiso volcar algunas ideas básicas que permitiesen ir desarrollando el hilo del pensamiento. Por lo tanto, los conceptos son muy incompletos, algunas ideas deberían desarrollarse más para ser mejor comprendidas. Pero como toda cosa que uno debe sintetizar para escribir, sola se fue acomodando para dejar entrever algunos conceptos más importantes. Echamos adelante el carro con los zapallos para que en los barquinazos se fueran acomodando. Casi todas las entradas fueron escritas y graficadas confiando en la memoria y en algunos casos citando la bibliografía, donde estará sin duda orgánica y seriamente desarrollado el concepto a que se apunta.

Estas notas posiblemente resulten polémicas y críticas. O en el peor de los casos, aburridas: manifestarán opiniones que no van a ser compartidas por todos o acaso sean rechazadas; mejor así. Es lo que pretenden: provocar

situaciones que nos hagan reflexionar, que nos despierten la posibilidad de interrogar o interrogarnos.

Tienen muchas preguntas, pero está bien que así sea, pues son los interrogantes, no las respuestas, las que llevan adelante el camino del conocimiento. Una buena pregunta es siempre mejor que la respuesta más brillante. Sin duda, la búsqueda de una respuesta, abrirá el abanico de muchos interrogantes más.

"El hombre que pregunta es siempre mejor que sus logros."

Louis Kahn.

Hay aquí un conjunto de ideas y de croquis de diverso origen, de cosas que sin duda nos interesan o nos interesaron en su momento, ya que si no, no las hubiéramos apuntado. Trataremos de organizarlas un poco, a ver para donde caminan, sin preocuparnos demasiado que sean comprensibles desde el vamos: probablemente algunas sean un tanto difíciles de ubicar, como lo son algunas ideas que a veces nos rondan, un tanto periféricas a la idea central, con lazos no muy claros.

Todos los conceptos que aquí se vierten –como no puede ser de otra manera– están teñidos de la óptica y del gusto y el carácter de quién esto escribe, o sea del autor, y de su educación o falta de educación y de su optimismo o pesimismo, de su amplitud de criterio o de la cerrazón de su mente

Como ya dijimos, son sólo apuntes: algunos son recuerdos, relatos de experiencias vividas, preguntas que nos hacemos o que nos han hecho, descripciones, citas de gentes que saben bastante más que nosotros y por lo tanto muy atendibles, respetuosamente atendibles, aunque luego de alguna reflexión nos susciten dudas.

Una parte no desdeñable de estas citas y apuntes, es tratar de relacionar los conceptos, de repente muy duros o cientificistas, con otras miradas, que desde la literatura y sobre todo desde la poesía, nos hagan comprender más cabalmente de qué estamos hablando. Tengo para mí que la poesía es la forma de comunicación más lícita, amable y directa de ir al fondo de los problemas...

Por último, nos cabe la reflexión de Azorín, que en su libro "La ruta del Quijote" dice:

"Lector, perdóname, yo soy un pobre hombre que en los ratos de vanidad quiere aparentar que sabe algo, pero que en realidad no sabe nada."

La Naturaleza

"La Naturaleza no infringe jamás su propia Ley. ¡O necesidad inexorable! Obligas a todos los efectos a ser los resultados directos de sus causas, y, por una Ley suprema e irrevocable, cada acción natural te obedece de acuerdo con el proceso más corto."

LEONARDO DA VINCI

Todo parece indicar que la evolución cultural de la humanidad plantea hoy una curiosa dicotomía: mientras que la ciencia ha realizado increíbles progresos hacia un conocimiento íntimo y profundo de la Naturaleza, los avances tecnológicos aplican ese saber en el exclusivo beneficio humano sin reparar en los daños que Ella como sistema pueda sufrir, en la creencia que Hombre y Naturaleza son entidades independientes; que el primero puede someter a la segunda a su arbitrio e interés. Por todas partes se alzan voces para advertir, que en realidad, formamos parte de la Naturaleza y tarde o temprano, seremos víctimas de nuestras propias acciones en su contra.

Como autor de estos apuntes, tengo una formación –buena o mala– que debido a la edad, ya está en las últimas etapas del aprendizaje.

Simplemente, porque pasados los 70, el caletre no admite más variables. No puedo dejar de lado pensamientos que tengo muy arraigados, y por eso voy buscando en otras personas bastante más lúcidas e informadas –Los Maestros– ayuda y apoyo a mis convicciones. Comienzo estas líneas con algunas citas de ALVAR AALTO.

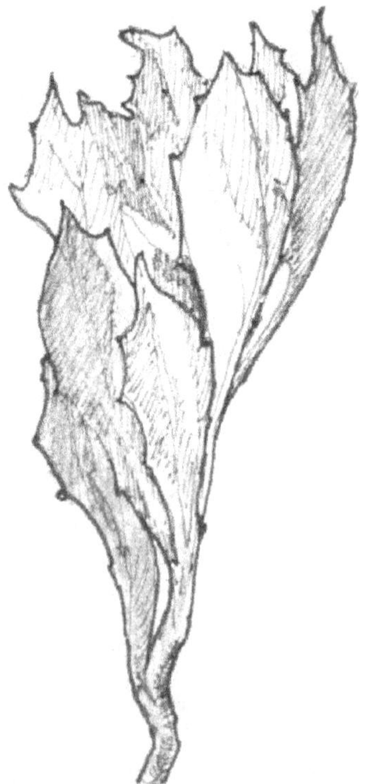

"La Naturaleza es, en el fondo, un símbolo de la libertad. A veces incluso da origen y soporte a la idea de libertad. Al basar nuestros proyectos en la Naturaleza, existe una posibilidad de asegurar que su curso se desarrolle, de nuevo, en una dirección en la que nuestro trabajo cotidiano en todas sus modalidades, incremente la libertad en lugar de reducirla."

"Las grandes ideologías están hechas de pequeños detalles de la vida cotidiana que aparecen ante nuestros pies. Nuestros sentidos aportan la materia prima para nuestro pensamiento. Por otra parte hemos de procurar que el mundo de los sentidos esté a nuestro lado y no al contrario."

"Naturaleza y Arquitectura: el contacto con la Naturaleza y con la variedad que invariablemente ofrece es una forma de la vida que no armoniza con ideas excesivamente formalistas."

Podríamos comenzar este capítulo haciendo una cita de aquel gran poeta, también naturalista y hasta crítico de arquitectura, JUAN WOLFGANG GOETHE alemán, (1749-1832) que estudió las ciencias naturales, la botánica, morfología, mineralogía y en especial la ciencia de los colores. Todo su interés estuvo siempre orientado a conocer las fuerzas impulsoras de la vida. Acerca de la Naturaleza, nos ha dejado esta elocuente definición:

> *"Estamos rodeados por ella,*
> *abrazados por ella,*
> *siendo nosotros incapaces de penetrarla profundamente.*
> *Ella crea eternamente nuevas formas.*
> *Lo que existió no vuelve otra vez a existir.*
> *Todo es nuevo, y sin embargo, viejo.*
> *Vivimos en medio de la Naturaleza y somos ajenos a ella.*
> *Nos habla constantemente pero no nos revela su secreto...*
> *Siempre está construyendo y siempre está destruyendo y*
> *Su taller es inaccesible para nosotros.*
> *Ella es la única artista."*

Y anotemos lo que dice HUBERT REEVES.

> *"¿Cómo debemos enfrentar esa misteriosa entidad que llamamos 'la Naturaleza'. Porque formamos parte de ella y a ella está íntimamente ligada nuestra suerte. Es la eminencia gris de nuestra existencia. La tocamos por todas partes o mejor, ella nos toca por todas partes; pero la conocemos tan poco.*
> *Se la aborda mediante el intelecto y los sentidos. Mediante la comunicación externa y la comunicación interna. La ciencia nos lo dice y el arte nos hace sentirlo.*
> *La dificultad para percibir la naturaleza tal cual es, proviene de que de ella surgimos. Formamos parte de ella tal como todas las impresiones y reacciones que nos provoca.*
> *Por intermedio de nosotros, la naturaleza se reenvía una imagen de sí misma."*

Aristóteles afirma que las cosas artificiales no son entes como la Naturaleza y por lo tanto reales, ni tampoco tienen esencia. Una cama de madera no es un ente. La prueba es que si la plantamos no crecen camas. En general para los griegos la técnica fue siempre inferior a los poderes de la Naturaleza. No repite la Naturaleza sino lo que ella produce. La supervivencia de los hombres dependerá siempre del crecimiento de las plantas.

> *"Desde las mosquitas que danzan alrededor de la lámpara (danza visio-dinámica) hasta el hombre, la Naturaleza se expresa en la forma y por cierto está colmada de formas." "La forma, quizá por ella vivimos; es posible que los peligros, el caos pavoroso que son la mente y la nada amorfa no representen un simple mito. Para una criatura cualquiera, el espacio no es euclidiano ni newtoniano, estos son conceptos modernos."*
>
> Richard Neutra

En este (¿libro?) hay apuntes sobre las cosas que nos rodean, observaciones propias y ajenas, donde sobresalen sin duda aquellas que se refieren a las acciones de la Naturaleza, por considerar a ésta la madre del DISEÑO. *"Se ve porque sale luz del ojo"*, dijo Aristóteles.

En la Naturaleza, vivir y crecer son una misma cosa. Las cosas naturales crecen por imbibición o por intusucepción. En lo artificial, las cosas crecen por saltos. Aristóteles también separa la Naturaleza de la Tecné, la realidad de lo ficticio, y enfatiza que el artífice o el técnico saca las ideas de sí mismo y no de aquella. Xavier Subiri dice que esta separación es una confusión, porque tanto la Naturaleza como la técnica son dos principios de las cosas, dentro de las cosas mismas. En este interior se contraponen. ¿Pero cómo? El principio Tecné se inserta como algo extrínseco de las cosas, siempre parte de la imaginación o de la inteligencia del hombre, en cambio la Naturaleza es un principio intrínseco de ellas. La técnica produce cosas, en cambio en la Naturaleza debe hablarse de nacimiento de ellas (por ejemplo el nacer de una flor); antes se decía ésto, hoy se afirma que estos dos principios o polos de tensión se acercan porque nuestros actuales productos técnicos tiene algo de vida, son cada vez más naturales (¿).

Heisenberg, en "Las discusiones con Bohr" dice:

> *"Comenzábamos a lo largo de la noche y terminábamos casi con deses-*
> *peración. Cuando al fin de una discusión me retraía solo a pasear por*
> *el parque, me repetía varias veces a mí mismo: ¿Es posible que la*
> *Naturaleza sea tan absurda como aparece en los experimentos atómicos?"*

Bateson utiliza el concepto de "Gracia" en el sentido en el cual lo emplean Huxley o Whitman: como una cosa que el hombre ha perdido (mientras los animales aún lo poseen). La Gracia indica la perfecta integración entre las diversas partes de la mente, entre el conciente y el inconsiente, el momento en el cual convergen según la expresión de Pascal la razón del corazón y la razón misma. Tierzi dice:

> *"Se debe superar la barrera entre la cultura científica y la humanís-*
> *tica, recuperar una verdadera transdiciplinaridad, hacer hablar la*
> *estética con la ciencia, la persona con la Naturaleza, el sujeto con el*
> *objeto. Esta es la vía maestra para golpear el pensamiento único*
> *homologante."*

Y Carmelo di Bartolo:

> *"Una correcta referencia moderna a la Naturaleza, debe leer a contra-*
> *luz las manifestaciones históricas de la conciencia de la pertenencia*
> *del hombre a la Naturaleza, y extraerles el jugo metodológico." "En la*
> *práctica profesional, además, la cuestión crucial no es la identificación*
> *de su esencia de las reglas a seguir, sino la capacidad de aplicarlas en*
> *situaciones concretas cuando se está haciendo un proyecto."*

> *"La dificultad para percibir la Naturaleza tal cual es proviene de que*
> *de ella surgimos. Formamos parte de ella tal como todas las impresio-*
> *nes y reacciones que nos provoca."*

Por intermedio de nosotros, la Naturaleza se reenvía una imagen de sí misma. Y encuentra la manera de rebelarse.

Puedo dar un ejemplo de la independencia con que la Naturaleza recibe y actúa para absorber nuestros actos, que viví en carne propia. Construyendo una casa en el campo en la Provincia de Buenos Aires: se decidió que el lado Sud quedara semienterrado, para protegerla del viento frío. Se eligió entonces un médano, se retiró la tierra, se hizo la casa y luego se volvió a arrimar la tierra sacada. Lo que ocurrió es que en los montículos de tierra removida, apareció una multitud de ratones de campo, cuises, y otros animalitos que encontraron allí un sitio ideal para vivir. Lo peor fue que los animales se comían las raíces y durante mucho tiempo allí no creció nada. Y hay que reconocer que todo partió de la construcción de una casa. Digamos que fue una transgresión mínima, pero lo fue. FLORENCIO ESCARDÓ, en un delicioso libro que se llama "Geografía de Buenos Aires", decía que la pampa se rebela cuando en las calles adoquinadas uno ve crecer el pasto. Por más que el hombre trate de aplastar la fuerza de la Naturaleza, ella se rebela. Es siempre más fuerte que el hombre.

Todas las formas de energía que usamos en este pequeño punto de polvo sideral que es la tierra, proviene del sol; él es el hacedor de todas las formas de vida: la luz de la lámpara que me alumbra y los pocos watts que consumen mis dedos tecleando la computadora, son también energía que vino del sol. Este maravilloso mecanismo de energía y su transformación al llegar a la superficie de la tierra, funciona desde hace muchos millones de años y seguirá imperturbable por otros cuantos millones, tan colosal es la masa de materia combustible a consumir por nuestro astro rey.

Desde el fondo de los tiempos, en la tierra, se fue acumulando energía en todas las formas vegetales que sintetizaban la luz; luego de más tiempo, microorganismos, más energía, presiones, cataclismos, la sepultaron y atesoraron en forma de carbón de hulla, y petróleo. Y allí quedaron como reserva escondida a la espera que el hombre dejara de ser pastor.

También en aquellos primeros tiempos, las fuerzas naturales acomodaron sus vectores a fin de usar de aquella energía en la forma más racional y económica y es su código, escrito para quienes quieran consultarlo con humildad, el más formidable catálogo de reglas y leyes de conservación.

Sin llegar a las asombrosas conclusiones de la mecánica evolucionista de D'ARCY THOMPSON o de las seductoras teorías de MATILA GHYKA, todas ellas sustentadas en consideraciones de economía (que en el fondo no pueden ser de otra cosa que de energía) se pueden hacer observaciones quizá perogrullescas, muy conocidas y sin embargo poco entendidas.

Crecer y multiplicarse, son dos de las cualidades básicas de la vida, válidas para todos los seres, desde las bacterias a las secoyas, desde las esponjas al Cid Campeador.

En nuestro planeta hay más especies de escarabajos que de cualquier otra forma de vida, pero las bacterias son de lejos los organismos más numerosos sobre la Tierra. Las bacterias pueden nadar como los animales, fotosintetizar como las plantas y descomponer como los hongos. Uno u otro de estos genios microbianos puede captar la luz, producir alcohol, expeler hidrógeno y fijar nitrógeno gaseoso, fermentar azúcar en vinagre o convertir iones sulfato o gránulos de azufre en sulfuro de hidrógeno gaseoso. Hacen ésto y mucho más, no porque sean "patógenos" o trabajen para nosotros limpiando el entorno, sino porque el imperativo de la supervivencia les llevó a inventar cada una de las principales transformaciones en la superficie del planeta. Las más pequeñas tienen un diámetro solo mil veces mayor que un átomo de hidrógeno. Si hubiera ángeles capaces de bailar sobre la cabeza de un alfiler, seguro que serían bacterias.

Tenemos bacterias en los intersticios dentales y en los intestinos, y ácaros en las pestañas; estos minúsculos seres se nutren de células muertas, restos de alimentos o secreciones.

Islas de orden en un océano caótico, los organismos naturales están muy por encima de las máquinas construidas por el hombre. A diferencia de la máquina de vapor de Watt, por ejemplo, el cuerpo humano concentra orden. Se auto repara continuamente. El epitelio intestinal se renueva cada 5 días. El hígado cada 2 meses. La piel cada 6 semanas. Cada año se reemplaza el 98% de los átomos de nuestro cuerpo.

La Arquitectura

"La arquitectura nos dice qué cosa eran los pueblos, dónde y cómo habitaban y rezaban, sus costumbres domésticas y sociales, sus aspiraciones, sus conquistas."

R. Lutyens y H. Greenwood

Este libro tocará algunos temas que nos parecen de interés en nuestro oficio y en el de todos aquellos que se dedican a diferentes diseños. La Arquitectura, oficio complejo y apasionante, tiene infinitos puntos de contacto con numerosas materias, asignaturas y disciplinas. Ante todo, con el Hombre y su Naturaleza. Con la Naturaleza que nos rodea, y con las cosas que a través del estudio y la técnica hoy son nuestras compañeras de viaje, para bien o para mal.

Volver sobre la palabra, desentrañar su origen –la lingüística– finalmente nos ligará con la Historia, que aquí no debe faltar y nos ayudará a ver con más claridad el presente. Adviértase que cuando nos referimos a la Arquitectura, lo hacemos como un oficio, porque estamos convencidos que cuando esta actividad se desarrolla en forma excelsa, es sin duda un arte, pero ello es sólo para algunos elegidos.

El hombre debe aprender a convivir con toda clase de insectos, plantas y animales, de allí que es importante que la arquitectura establezca límites que hagan posible esa convivencia. Mostrará ser inteligente aquel que desconfíe de una casa que no presente signos de alguno de los pequeños compañeros del hombre que lo siguen desde el fondo de los tiempos. Hay que pensar que si la casa no es buena para ellos, tampoco lo será para él. Somos de la misma materia, hermanos o primos. Naturalmente, ya que debemos convivir, reconozcamos que hay insectos e insectos: no es lo mismo algunas moscas o mosquitos, alguna arañita, que pulgas o chinches.

Las arañas, hormigas y abejas, deben encontrar en los arquitectos atentos observadores de sus propias y extraordinarias construcciones. Todos deberíamos leer ese maravilloso libro del etólogo Premio Nobel, Karl von Frisch que se llama "Animal architecture".

El conocimiento de los hábitos y costumbres de los insectos, nos indicará la forma de ponerles límites: la higiene, el orden; la ausencia de lugares oscuros, húmedos e inaccesibles, favorecerá el control.

Se pueden establecer algunas reglas de convivencia elementales: si alguna mosca nos incomoda, procuremos que no entre colocando tejidos metálicos en las ventanas; si están adentro, procuremos sacarla, sin caer en la tentación de eliminarla con un veneno. (si **la** envenenamos, **nos** envenenamos).

Las cucarachas, que han emigrado a todas partes del mundo donde está el hombre con sus casas y enseres, gustan de lugares oscuros y cálidos; son ligeras (corren a 1 Km por hora). Si a pesar de la escrupulosa limpieza del hogar, una cucaracha cruza rauda por la sala y nos provoca una reacción insecticida, lo mejor será que usemos el método "artesanal" de un buen garrotazo con un diario doblado y nada de aerosol.

Los mosquitos tienen entre nosotros la implicancia de una peste como el dengue, si no ya el paludismo. El control, sobre todo de pastizales y aguas estancadas terminará con este peligro.

De pulgas hay mil diferentes especies: a la pulga del hombre le gusta también el perro, y viceversa. Las encontramos en las demoliciones, porque la pulga gusta depositar sus huevos entre el polvo, donde los abandona.

La vinchuca, con su picadura y su terrible consecuencia, el mal de Chagas Massa, es otro problema que nos atañe a los constructores. La solución está en paredes y cielorrasos encalados, sin huecos ni rendijas.

Las chinches de cama son parientas de aquéllas de jardín, tan atractivas por su forma y su color, y tan repelentes por su olor; son muy difíciles de eliminar porque son capaces de ayunar durante un año o más. No vuelan, pero caminan muy bien, hay que controlar: cornisas sucias, nidos, palomares vecinos.

Las polillas, cuando son mariposas, no tienen la culpa de los agujeros en nuestras medias de lana. Ellas tienen una vida corta y más vale austera, por no decir hambrienta; los agujeros los hicieron las larvas. El remedio, bolsas herméticas de papel, aunque sea de diario. Este no es alimento que les agrade.

Hay un bichito muy primitivo y muy tímido, inofensivo, que vive en lugares húmedos y oscuros; el pececito (lepisma saccharina). Se nos comerá las encuadernaciones de los libros, géneros de lana, cueros. Si intentamos tomarlo, nos dejará en los dedos un polvo brillante como alas de mariposa; es polvo de estrellas...

Con humildad, el hombre debe reconocer que está por verse si es el más inteligente de la pirámide de los organismos vivos, pero lo que no está en duda es que los insectos están muchísimo mejor adaptados y casi con seguridad nos sobrevivirán, si éste no comprende que su actitud debe ser la coexistencia y el respeto hacia ellos.

La arquitectura es un arte o un oficio estrechamente ligado al medio ambiente y al hombre. Pero es injusto pensar que el medio ambiente es nuestro. También es de los animales, las plantas, la tierra, la atmósfera y aún los insectos y que si bregamos por un equilibrio verdadero, éste debe ser buscado por todos sin excepción.

La Arquitectura, una forma de organizar espacios en que los seres vivientes, hombres o animales pueden usar para desarrollar en ellos sus vidas y sus actividades, y donde pueden materializar sus sueños. La Arquitectura debe ser una actividad eminentemente social, que debe contribuir a la felicidad, la comodidad, a mejorar la calidad de vida de los usuarios, que asimismo verán en ella representados sus deseos.

Existen tantas y tan buenas definiciones de Arquitectura que forzosamente uno debe elegir:

> *"La Arquitectura es el campo más adecuado para que en él se desarrolle el genio de un pueblo."*
>
> HORACIO WALPOLE.

> *"La Arquitectura es esencialmente un arte cooperativo... Debe expresar en todo período las condiciones en que se encuentra un pueblo, no tan sólo el nivel de cultura que los más avanzados han alcanzado."*
>
> T. S. ATTLEE.

> *"La Arquitectura nos parece el arte más grande por que es un arte de la comunidad... Cuando llega a ser el producto especializado del genio de un hombre, como en el siglo XV o en el nuestro, su declinar es inevitable."*
>
> R. H. CARAM.

Hay también definiciones de poetas y literatos:

> *"En la Arquitectura ha quedado registrada la historia de la humanidad."*
>
> HONORÉ DE BALZAC.

"La Arquitectura es el gran libro de la humanidad... De la más remota pagoda del Indostán hasta la Catedral de Colonia, ha sido la gran escritura de la humanidad, y ésto es cierto de tal manera, que no sólo todo símbolo, sino incluso todo pensamiento humano tiene su página en este inmenso libro de monumentos."

VICTOR HUGO.

Hay definiciones retóricas y apasionadas:

"La Arquitectura es la más grande y la más verdadera de las artes, precisamente porque tiene un mensaje social único y un enorme valor colectivo."

TALBOT HAMLIN.

"El diseño de un edificio indica el valor de la sociedad que lo ha producido... La Arquitectura depende no sólo de sus formas, sino en su misma existencia de la organización y de la conducta de la sociedad."

B. HUME.

Mi forma de pensar me hace inclinar más por los determinismos utilitarios o que tienen que ver con las cosas técnicas, por ejemplo los dichos de PERRET:

"La estructura es la madre lengua del arquitecto... Quien esconde una estructura se priva el mismo, del único legítimo y más bello ornamento de la Arquitectura; quien esconde un pilar comete un error, quien levanta uno falso comete un crimen."

Sin embargo, contra estos determinismos, se levantan las voces de otros autores:

"La Arquitectura radica en el ornamento añadido al edificio."

JOHN RUSKIN.

"La Arquitectura, distinta de la simple edilicia, es la decoración de la construcción."

GILBERT SCOTT.

Y por último, escuchemos a EDWIN LUTYENS:

"La Arquitectura comienza donde termina la función."

Arriesgo mi propia definición, que estimo válida después de haberla practicado por casi 60 años: procuraría que la arquitectura fuera intemporal, vale decir, que no tuviera un tiempo de realización aparente, dicho de otra manera, que no se supiera cuando fue ejecutada. (La palabra ejecutada, sí la hice yo, aquí cuadra perfectamente (¡)). Que fuera como la Arquitectura de los pájaros o las arañas (ver KARL VON FRISCH "Animal Architecture") que están tan mimetizadas con el medio que no se destacan para nada de él, pasan desapercibidas, no se ven. Tiene que gozar de las características de los trabajos del arquitecto preferido de UNAMUNO cuando dice:

"Si un arquitecto hace que sus obras se destaquen del contexto, en realidad no se trata de un buen arquitecto."

Teniendo en consideración las premuras sociales del mundo que nos rodea, con señaladas necesidades éticas en materia de alimentación, de salud, de educación, de energía, de uso racional del agua y de los materiales, considerando que el suelo donde se apoya la arquitectura es un primer material. Que debemos tratar la Naturaleza que nos rodea con extrema delicadeza, tratando de no modificarla o haciéndolo lo menos posible, procurando usar técnicas y materiales degradables, que no dejen residuos, que consuman poca energía.

Para comenzar a poner el tema en sus verdaderos alcances, digamos que si bien la construcción es en general una acción que tiende a desmerecer o deteriorar el Medio Ambiente, no es la única ni la más agresiva. Los sobre-pastoreos, las talas indiscriminadas, la modificación del cauce de los ríos, los grandes embalses, el derramamiento de hidrocarburos en el mar, son decisiones que ya nos han mostrado largamente la inconciencia (por decirlo suavemente) con que somos capaces de tratar el lugar donde debemos vivir. Y en las ciudades, los tres grandes contaminantes, siguen siendo: los gases que expelen los automóviles, las industrias y las instalaciones de climatización o calefacción de nuestras viviendas o edificios. Ampliando la idea, podemos manifestar, sin miedo a equivocarnos, que el "progreso" siempre provoca un desmejoramiento en la calidad de vida.

Me inclino por una forma de Arquitectura que sea abarcativa o compartida por todas las formas de uso y a todos los "animales" incluido el hombre (la palabra *animal* proviene de *animus*, todo lo animado.) Convengamos, cuando hablamos de medio ambiente, que éste no es sólo del hombre; el medio ambiente es también de los animales, las plantas y las piedras.
Sobre este concepto, puedo contar la siguiente experiencia: en un campo de la localidad de Santo Tomé, Provincia de Corrientes, campo de condiciones climáticas muy duras, se realizó una obra de Arquitectura singular. En un potrero batido por los vientos fríos y arrachados del sudeste, se ejecutaron unos elementales refugios para albergar o contener la vaca madre y el ternero en crianza. Estos refugios estaban constituidos simplemente por un

muro en ángulo ejecutado con bloques de suelo-cemento y con un elemental y somero techado de cañas y ramas. Se construyeron al finalizar el otoño e inmediatamente de librados a su servicio, las vacas inteligentemente ocuparon su sitio al resguardo de los vientos fríos, abrigando a su vez con su cuerpo al respectivo ternero. A medida que transcurrió el invierno, y que el clima se fue templando y el ternero creciendo, la vaca, rascándose en la pared la iba destruyendo poco a poco. Resultado: al llegar la primavera y el buen tiempo, el refugio casi había desaparecido, convertido en un montón más de tierra, "El polvo vuelve al polvo", según el precepto bíblico. La Arquitectura (¿Sería arquitectura?) había cumplido su rol de servicio y había desaparecido sin dejar rastros. El ideal de una arquitectura biodegradable y que no modificó el entorno natural. Ver figura.

Leemos unas declaraciones de la Sra. CRISTINA BANEGAS (actriz argentina de cine y teatro contemporáneos). Toda su vida buscó las respuestas a los grandes interrogantes que le planteaba su profesión: *"Porque éste es un trabajo que te lleva toda la vida: encontrar las respuestas adecuadas a preguntas tales como cuál es el fenómeno de la **actuación**, o qué es ser **actor**, lleva muchos años de lecturas, charlas, introspecciones y ejercitación. Además, ser **actor** es como ser pianista, exige estudio y mucha preparación, independientemente del talento que se tenga."* Le pedimos al lector que cambie el vocablo actuación por creación, y actor por arquitecto, y habrá comprendido el sentido de esta disgresión, y si tenemos suerte, hasta se sienta identificado.

> *"La educación no debe ser reducida a la adquisición de saberes técnicos e informáticos, útiles para los negocios pero carentes de la sabiduría que todos los hombres necesitan, sean médicos o abogados, científicos o artistas. Porque el corazón del hombre es el mismo en todos y todos enfrentaremos algún día, el mismo dolor y la misma incertidumbre ante la muerte."*
>
> Extraído de *"España en los años de mi vejez"*,
> de ERNESTO SÁBATO, Seix Barral 2004.

"La intuición no solamente es un don natural, sino una acumulación de hechos, imágenes, cosas que uno va registrando y que después le vuelven. Claro está, si esas imágenes y esos hechos son recibidos con cierta preparación y cierta cultura, resultan más positivos."

Entrevista de EDUARDO SORIANO, escritor y periodista,
a MARIO SOFFICI, cineasta, en 1973.

Y en La llama de la vela, GASTÓN BACHELARD, dice:

"¡Yo estudio! No soy más que el sujeto del verbo estudiar. A pensar no me atrevo, antes de pensar, hay que estudiar."

"Llamo Arquitecto, no a un maestro cualquiera en el arte de delinear, sino al que con el corazón y la inteligencia sabe dar gran belleza a la creación de grandes masas al servicio de las necesidades humanas."

LEÓN BATISTA ALBERTI.

"Nada como la arquitectura para significar un momento histórico de la humanidad: una catedral gótica representa todo el mundo medieval. El monasterio de El Escorial es la piedra de toque para comprender la ambición del brazo político de la Contrarreforma. De una manera íntegra y radical tales fenómenos colectivos no podrán sernos nunca revelados por un cuadro, un poema o una composición musical. La arquitectura, además, por su esencia, es el arte más apegado a la tierra, más incardinado con el suelo y el paisaje –paisaje ella misma hecha de materiales robados a la tierra– y también el que depende en más alto grado de la necesidad vital del hombre. La arquitectura es una de las grandes formas de expresión del alma popular. La arquitectura es, por tanto, historia e intrahistoria en sí misma."

FERNANDO CHUECA GOITIA.

"Las formas que vemos fuera tienen un dentro como lo tenemos nosotros, y así como no sólo nos conocemos, sino que no somos, ellas son."

MIGUEL DE UNAMUNO.

"La fealdad de la construcción, más que un fenómeno local, fue un fenómeno general. En España, quizá se pueda decir que en el mundo no hay arquitectos. Y no hay arquitectos porque quieren ser individualistas y la arquitectura debe ser un arte colectivo. La casa de hoy, debe tener el carácter de hoy, y no debe ser ni gótica, ni del Renacimiento, ni estilo Luis XIV; debe ser de hoy, y nada más.

En nuestro país se le está dando muchas vueltas a la casa de estilo vasco, estilo que no existe ni ha existido nunca. La casa vascongada es la casa centroeuropea de la zona lluviosa, casa rectangular o cuadrada, sin patio. Yo no creo en la exactitud ni en las justeza de esas denominaciones. Me figuro que sería más exacto clasificar las casa por los climas; así se podría decir la casa de la nieve, la casa de la lluvia o la casa del sol. La casa de la nieve, con los tejados más apuntados y las ventanas pequeñas; la casa de la lluvia con los tejados más planos y aleros salientes, y la casa del sol, con patio y tendencia a sustituir el tejado, total o parcialmente por la azotea, y a edificar sobre ésta una especie de torre o minarete.

Estas tres clases de casas están producidas por el clima, pero actualmente, nuestros arquitectos hacen un chalet suizo en Málaga y una casa árabe en Fuenterrabía; así resulta ello."

Pío Baroja.

La Biónica

"Todas las cosas vivas tienen una voluntad de ser que domina

su comportamiento y acciones."

SHOPENHAUER

Por Biónica se debe entender el estudio de los prototipos biológicos de funcionamiento que operan en las cosas de la Naturaleza, a fin de usar esos conocimientos en el proyecto de sistemas artificiales.

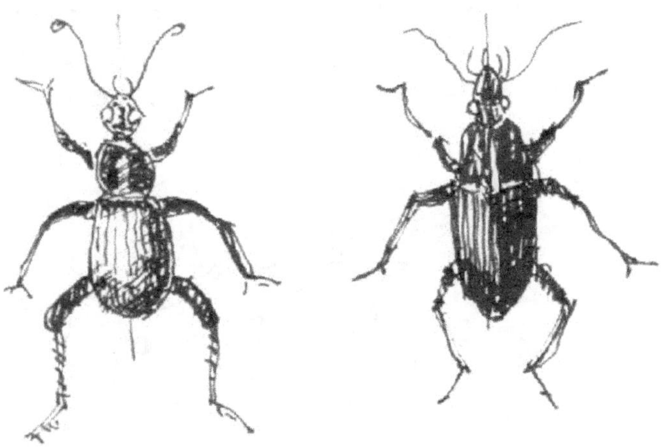

Se llama Biónica a la disciplina que se encarga de indagar los secretos técnicos de la Naturaleza para después aprovecharlos.

Podemos estar seguros que hay innumerables formas de interpretar sucesos y acontecimientos de las cosas que nos rodean, de los cuales no tenemos la menor idea, pero que futuros investigadores podrán abordar y desentrañar.

Un investigador, que bien puede ser una persona común, inquieta y observadora, puede interesarse en estudiar sistemas vivientes, para conocer como funcionan y aplicar esos conocimientos a la solución de problemas técnicos concretos.

Esta observación, de alguna manera orientada puede también ayudarlo a interesarse aún más, de forma menos aproximada, en una indagación que mejore sus primeras apreciaciones, profundizando los medios táctiles, auditivos y olfativos de los que también a nosotros nos ha provisto la Naturaleza.

En el término "Biónica", debemos leer que su raíz "bios" quiere decir "elemento vital" .

Trataremos de captar la belleza e interés con que se desarrollan los fenómenos naturales, que ya están cumpliendo una finalidad de "diseño." ¿Qué si no, representa el crecimiento de un tallo o una raíz, la forma de nadar o saltar de un insecto, la forma de sus patas, o su cantidad, o el ritmo con qué las mueva?

Cuando observamos un huevo de paloma, debe asombrarnos que dentro de ese contenedor de refinado diseño, que es la cáscara, se aloja un universo de células, que se transformarán en plumas y piel, y pico y ojos, y lo que es más increíble, alojará el instinto del animal, todos los códigos que dirigirán su futura vida.

Hay quienes piensan que la biónica es una ciencia que está en sus comienzos, y que todo aquello que se ocupa de problemas biónicos empieza con muy fatigosas y tediosas exploraciones. Pero Biónica ya hacía Leonardo cuando estudiaba el vuelo de las aves y aplicaba esos conocimientos a sus pájaros mecánicos. Naturalmente, en sus comienzos, cualquier nuevo estudio hace que vayamos por sendas desconocidas. Sin embargo, hoy se atisban respuestas a problemas que antes no se sabía como afrontarlos.

Por ejemplo, hoy vemos más cerca, las antiguas aspiraciones del hombre de poder sustituir con piezas de recambio, órganos o partes del cuerpo que no funcionan más, con piezas eficientes derivadas de estudios biónicos.

Ejemplos de estas realizaciones, son aquellos recambios de piezas del esqueleto humano, en condiciones de variar lo menos posible las condiciones de uso que tenían con las piezas originales o naturales. A fin de tratar las quemaduras graves, cada vez avanzan más los estudios para lograr reemplazos de piel con pieles artificiales, productos de laboratorio. Se proyectan ojos electrónicos, dispositivos para aumentar la audición, corazones, arterias, tendones, articulaciones, etc. que funcionan ayudados por órdenes impartidas por computadoras. Se estudia el movimiento de manos capaces de aferrar cualquier objeto en cualquier posición. Se construyen máquinas que saltan, que se mantienen en equilibrio, que caminan a partir del estudio de la forma de trasladarse de los insectos.

La posibilidad actual de estas realizaciones es el resultado de múltiples faci-
lidades que hoy nos acercan el desarrollo de instrumentos como el de la
fotografía ultraveloz, el cinematógrafo, el video, la computadora, el microscopio, etc. Pero también de la habilidad manual de un operario entrenado,
capaz de suturar venas o arterias de pocos milímetros de diámetro. Esto lo
traigo a cuento de los relatos del Dr. René Favaloro, también él un amante y
un gran observador de la Naturaleza, que afirmaba que quién pretenda ser
un cirujano cardiovascular, primero debe aprender carpintería. Por ejemplo,
la fotografía o el cine ultraveloz, permiten observar en cámara lenta como
es la secuencia de apoyo de las patitas de un insecto de forma tal que siempre tiene tres apoyadas, sin problemas de equilibrio. Esto permite comprender mejor la dinámica del movimiento del insecto, como camina, corre o
salta. Y también, de paso, estudiar más el insecto, con su cuerpo protegido
por una serie de estratos de piel que forman su estructura rígida llamada
exoesqueleto. El análisis, el estudio, la reproducción artificial por medio de
modelos puede ofrecer interesante información y ser fuente de inspiración
en el momento del proyecto.

Sugiero la lectura de un libro de Bruno Munari, donde se desarrolla un
exhaustivo análisis de un animalito, el erizo de mar, que luego despiezado
se transforma en un aparato, permitiendo el estudio de su forma, sus
movimientos, etc.

La definición de los principios de la Biónica, evita las sugerencias formales y apunta a un doble movimiento: la observación y la recolección de
datos mientras se investiga y la aplicación imaginativa e innovadora de
estos datos.

Modelo para un estudio biónico puede ser la planta que debe resistir a
esfuerzos mecánicos de diversa naturaleza, que a medida que crece, se con-
solida por su parte interior, en la dirección precisa que la hace necesaria.
Cuando uno piensa en la flexibilidad y "astucia" de esta raíz, que se va adap-
tando a las circunstancias, comprende lo rústico de un planteo estructural,
pongamos por caso, de una base como puede ser la torre de una milla de

Wright (The mile-high Illinois, Chicago, Illinois), donde desde antes de la construcción, ya están determinados su forma y medidas "de máxima", lo que la convierte en una solución "antieconómica." En la obra incesante de multiplicación y difusión de las especies vegetales, el medio, el modo, el mecanismo empleado por la naturaleza para la multiplicación, la diseminación de sus semillas, representan la componente más fantasiosa e imprevisible de todo el proceso reproductivo. Puede suceder que un aparato nacido de rigurosos estudios de física, capaz de concentrar la luz y de funcionar como un colector de energía solar, sea un descubrimiento que la Naturaleza ya hizo hace algunos millones de años. Un acumulador de luz con características análogas es el ojo de un antiquísimo artrópodo marino, el *límulo,* un fósil viviente por algunas de sus características, más próximo a las arañas y a los escorpiones que a los crustáceos.

Naturalmente es necesario hacer una distinción entre los innumerables objetos que la Naturaleza ofrece al estudio biónico, valuando con atención el problema que podría nacer en una elección quizá excesivamente optimista. Una hoja, una semilla, una conchilla son objetos de estudio fácilmente obtenibles que pueden estimular la curiosidad y representar quizá el punto de partida para conocer algunos de los innumerables aspectos que caracterizan las formas naturales.

Antes de la Biónica

PLOTINO el platónico, demuestra por medio de los capullos en flor y de las hojas de los árboles que del Dios Supremo, cuya belleza es invisible e inefable, la "Providencia llega hasta las cosas de esta tierra."

SAN AGUSTÍN, La ciudad de Dios

Existe un estadio antes del estudio biónico. Este surgirá en cualquier momento, cuando uno se haga una pregunta, cuando se genere un interrogante. Después arribará la observación, distinguir lo principal de lo secundario, lo importante de lo superfluo, que vendrá con la meditación, con la evaluación de las cosas observadas.

Sabemos que para hacer un estudio biónico son necesarios recursos materiales, laboratorios, equipos, a veces muy complejos. Pero como siempre, lo más importante es el recurso humano, la persona, el individuo que se plante frente al problema y lo mire con ojos desprejuiciados y frescos.

Los límites entre La Biónica y Antes de la Biónica no serán en muchos casos muy definidos, y en esas zonas grises deberemos ejercitar la imaginación, "proyectar" las soluciones, cargarlas con otros elementos que nos ayuden, desde las gentes que antes de nosotros estuvieron en estos avatares, hasta las ciencias humanas, la literatura, la poesía, la música, que entreveamos posible. La Naturaleza está llena de soluciones inteligentes. Cada vez que el hombre inventa una técnica nueva, descubre que hace mucho que ella la domina mejor que nosotros.

Los chinos inventaron la brújula hace unos mil años, pero las palomas mensajeras, las tortugas, los peces, las bacterias ya la utilizaban hace centenares de millones de años. El radar, puesto a punto para detectar la presencia de aviones enemigos durante la última guerra, ya existía. Los murciélagos desarrollaron un sistema de emisión de ondas que les permite detectar insectos a la distancia.

Aquí caben estas dos citas y observemos como coinciden estos dos pensamientos:

"Para crear, el hombre necesita aprender."

Louis Kahn.

"La técnica, es la base del lirismo."

Le Corbusier.

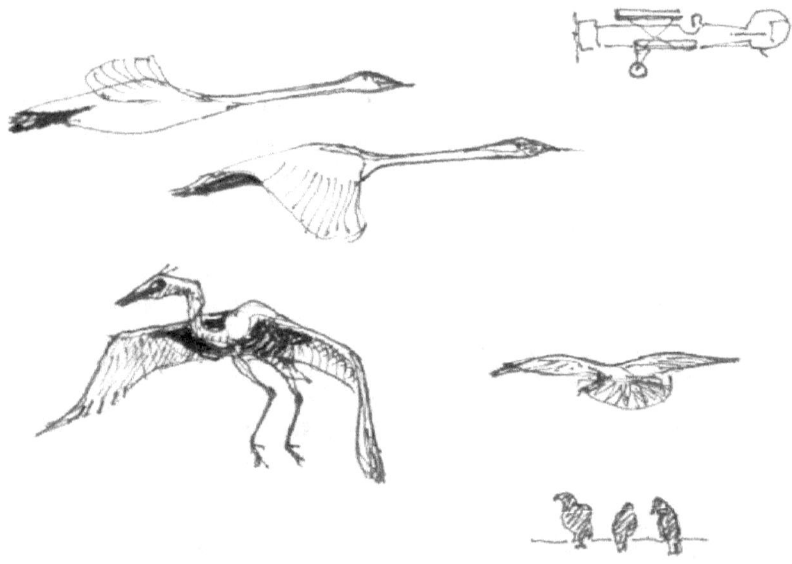

Trabajando de Arquitecto

"Un Profesor sólo se convierte en Maestro si se esfuerza en ser un contemporáneo, y los alumnos sólo se convierten en discípulos cuando reconocen y se reconocen en esa contemporaneidad."

FLORENCIO ESCARDÓ

En 1949 salí ufano del Otto Krause con mi título de Maestro Mayor de Obras, y en 1959 –10 años después– años en los que trabajé intensamente y también estudié, atravesé la puerta de Perú y Moreno con el título de Arquitecto de la FAU UBA. Entonces, tengo casi 60 años de ejercicio de la profesión de arquitecto, constructor, calculista, sobrestante, dibujante, proyectista, asesor, docente y todas las innumerables tareas que entretienen la vida de alguien que se dedicó a este oficio.

Estos casi 60 años pienso que –siendo muy humilde y prudente en mis apreciaciones– me permiten hacer algunas reflexiones y anotaciones. Pero aquí recuerdo la frase de SPINOZA:

"No es arquitecto, aquel que sólo es arquitecto."

También fui –y soy– niño, hijo, hermano, esposo padre y abuelo. Disfruto de las artes, de la literatura, la poesía, el cine, la música, los deportes y la TV. Debería, para no parecer ingrato, nombrar a todos aquellos que me ayudaron, pero que son una legión imposible de abarcar en un papel: Maestros, Profesores, Colegas, Capataces, Sobrestantes, Albañiles, Ayudantes, Alumnos. Estoy en deuda con todos ellos. En los años 60, cuando comencé a trabajar de arquitecto, lo hacía procurando que no se supiera que poseía ese título. Con el aval del de la Escuela Industrial, más modesto pero menos comprometido, podía realizar una multiplicidad de tareas, casi todas técnicas, para otros profesionales, que me permitían vivir cómodamente. En general, tareas de diseño y cálculo de estructuras, diseño de instalaciones, etc. También dibujaba perspectivas, una de las "especialidades" que la computadora ha hecho desaparecer. Por aquellos días, nos habían contado que podríamos cambiar la sociedad a través del diseño (¡), y todavía nos empujaba, de alguna manera, la imagen del progreso contínuo. Yo siempre tuve una cierta aprehensión de cómo se desarrollaba mi carrera; veía bastante fácil mi forma de vivir, sin grandes crecimientos económicos pero sin estrecheces . Y ésto duró hasta la década del 80: trabajé sin pensar mucho que sucedía a mi alrededor. Por haber desarrollado gran parte de mi tarea en el interior, en especial en el campo, en los centros como Buenos Aires era sólo un espectador preocupado por la mercantilización.

En el año 73, con la crisis del petróleo, y una serie de golpes de nuestra economía, comenzamos a tomar conciencia que las cosas no eran como las habíamos visto hasta ese momento.

Personalmente adherí a algunos preceptos conservacionistas que algunas voces –diría un tanto tremendistas– de la que no estuvo ausente, no como ingeniero sino como futurólogo, Félix Candela, con la crisis del petróleo. En aquel momento se proponen arquitecturas alternativas o solares, que ya se habían manifestado con una cierta fuerza a través de los movimiento hippies de los años 60.

Más tarde serán las reuniones SALT las que empujarán estos criterios que tienen que ver sobre todo con las arquitecturas regionalistas.

A todo ésto, han ocurrido dos fenómenos:

Una pauperización de la clase media de donde el arquitecto conseguía sus encargos, que los tenía que disputar con otras matrículas, y un aluvión de nuevos profesionales a la matrícula.

Por otra parte, la Facultad no ha cambiado, ni le ha dado, hasta el día de hoy, básicamente la orientación que quería darle a la figura del arquitecto.

Así como son las cosas, nuestra tarea ha cambiado de frente y el arquitecto debe acercarse a otra figura que debería ser la del arquitecto-docente: insertarse en la comunidad a trabajar más en contacto con el que necesita un techo, y armar y aconsejar en las comunidades, intendencias, sociedades de fomento o de vecinos, mostrando que puede ser una persona educada y con sentido común.

El poderoso poder de comunicación de la radio, y sobre todo de la TV, que hubiera sido el más extraordinario medio de educación masiva que el hombre pudo soñar, fue dominado por la exaltación de los valores materiales, la violencia, la crudeza, el cinismo, la grosería, la ramplonería, la insolidaridad, y la torpeza.

Hoy, nos guste o no, hay un gran vacío moral que parece dominarnos y hasta nos avergüenza tratar de enderezar los usos y las costumbres del trato, de la manera de vestir, de hablar y de convivir. Nos avergüenza todo lo que tienda al refinamiento, a la elevación mental, hacia la dignidad de la conducta, hacia una mejor apariencia física y mental. Estamos viviendo y mientras no lo denunciemos, lo haremos más común, un mundo obsceno.

La educación que recibe un arquitecto hoy, creo que no es ni mejor ni peor que en otras épocas. Sin embargo, creo que el "corpus" del conocimiento es único: en la FADU se han diversificado las carreras y a ellas no me voy a referir, si a la de Arquitectura, que debería complementarse con materias que tengan que ver con Recursos renovables, Ahorro de energía, Ecología,

Ciencias del medio ambiente, Ciencias del desarrollo de las aglomeraciones humanas, Economía, Educación.

Que el arquitecto sea planificador, urbanista, diseñador, paisajista, conductor de obras, me parece que no es conducente. Me parece mejor que sea sólo Arquitecto, con una visión más amplia y humilde, con un claro sentido de la responsabilidad para con la sociedad que lo rodea y en la que debe insertarse ni más arriba ni más abajo.

En estos casi 60 años de trabajo, naturalmente algunas ideas he ido decantando y así hoy puedo afirmar que:
El día que me dieron el título, me dieron sólo una especie de bajada de bandera para una carrera que allí comenzó.

Hoy tengo un diploma que certifica que soy Arquitecto. Me pregunto ¿Lo soy realmente? Porque hay quienes toda su vida acumulan títulos, maestrías, certificados, postgrados y no lo logran. Otros, para serlo – y superlativamente – no pasaron por la Escuela ni la Facultad (estoy pensando en los Maestros Le Corbusier, Wright, etc.).
Y aquí me hago otra pregunta: ¿gracias a qué o a quién soy arquitecto? Respuestas posibles: la primera es que corrí el riesgo de una elección vocacional, que implicó una temprana responsabilidad. Una más es que otros no fueron a la Facultad, y sí a trabajar para que yo pudiera hacerlo: padres, hermanos, familia, la sociedad en general. Entonces, aquí estoy en deuda. Vale recordar lo que decía Einstein:

"La vida es corta y peligrosa, y sólo tiene sentido si se la vive para los demás."

Y ahora que tengo el diploma, me interrogo una vez más: ¿Soy o no soy arquitecto? Lo soy un poco; lo seré más si me lo propongo. Esta es una tarea para toda la vida y si mantengo mi espíritu de aprendiz quizá llegue a maestro (¿). Conocí un arquitecto que todos los días, y lo hizo por más de 80 años, dibujaba y estudiaba "para no perder la mano." También supe de un cirujano que entre sus múltiples tareas de estudio y trabajo, se hacía tiempo para hacer gimnasia, a fin de mantener el estado físico que le permitía estar de 6 a 8 horas de pié al lado de la mesa de operaciones. Creo que son ejemplos válidos.

Bueno, ahora soy arquitecto y me encargan una obra: para poder hacerla, hacen falta el Arquitecto, el Constructor y el Comitente. Así me enseñaron y creo que está mal.

El orden debería ser: el Comitente, el Constructor y el Arquitecto. Los dos primeros, que aún pueden ser la misma persona, son imprescindibles; el Arquitecto, no. (Más del 90% de todo lo construido que nos rodea lo está sin intervención de profesionales).

De ese triángulo de personas surge un primer género de relaciones: la del Comitente con el Arquitecto, y sobre ésto y antes que nada cabe recalcar: "El cliente siempre tiene razón" (Frase urticante sin duda). Hacen falta un gran desprendimiento, una apreciable grandeza espiritual para reconocer que el Comitente, aún con sus limitaciones expresivas, con su carga de prejuicios, muchas veces (o casi todas) tiene razón en sus solicitudes, y es así que debemos estar preparados para una primera función, que es la de ser docentes. Explicar, aclarar, volver sobre el tema hasta ponernos de acuerdo, atender sus preocupaciones, no relativizarlas. Tener en cuenta y balancear el hecho de que él esperó treinta años para hacerse una casa, y nosotros hacemos (¡en las buenas épocas!) un proyecto cada mes. Tratar de comprenderlo y que nos entienda.

Personalmente no creo en las encomiendas o precontratos: en esta etapa –hablo del proyecto– trato de que el Comitente se sienta libre de salir de esta situación cuando quiera, casi nunca se va. A veces tarda en decidirse, también debemos cultivar la paciencia. También es posible que nos toque alguno imposible de tratar y hasta tramposo: ¡Y bueno!

A la pregunta clásica: ¿Se le debe dar el gusto a un Comitente que nos pide una casa en estilo "colonial" o "californiano"? Contesto: creo que es perfectamente válido responder a sus expectativas: hacerle un casa con techo de tejas, con adecuadas proporciones, que funcione, bien construida, sin bastardear el natural lenguaje de cada uno de los materiales que se usen, bien orientada, etc. Si estas razones de peso están bien resueltas, ¿qué importancia tiene el agregado anecdótico de una moldura o el rizo de una reja? No creo que esto sea peor que plantearle un revestimiento ortogonal "a la moda actual", o una claraboya triangular postmoderna sobre la escalera. Pero si lo puedo convencer, trataría de hacer que su construcción sea de "estilo" tal que no se sepa cuando fue construida. Que muestre cierta intemporalidad, equidistante de modas y de copias-revivals. Siendo así, la casa envejecerá joven, se cumplirá el mito de Fausto, pero sin que tengamos que vender el alma.

La relación con el Constructor: nunca debo pensar que yo sé y él no; ni lo opuesto. Pensemos que el sabe hacer una parte, un pedazo, y yo sé la otra. Debo ser su socio en la creación, en lo técnico, trabajar a su lado, analizar, valorizar su esfuerzo: es bastante más fácil hacer una pared en la mesa de dibujo, con un lápiz, que en la obra, ladrillo a ladrillo, agachándose, levantando el balde, con frío. El Ingeniero Luis Nervi dice:

> "Creo totalmente necesaria la colaboración entre Ingenieros, Arquitectos y aún Constructores desde el comienzo del proyecto hasta el fin de la obra."

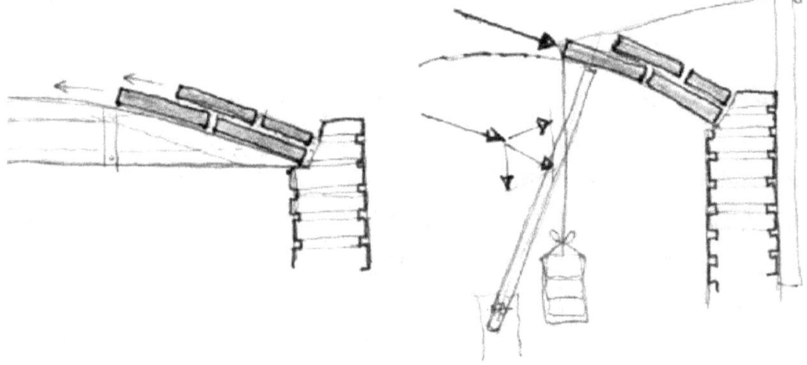

Pero no olvidemos que yo soy el representante del Propietario, que tengo su mandato, su confianza. Nuestros intereses son encontrados. No debo por nada del mundo perder esta condición de control de la gestión técnica ni comercial del Constructor: dicho en buen romance, debo ser totalmente honesto; no debo aceptar dádivas ni comisiones, ni coimas. Si lo hago, no voy a decir que pierdo prestigio o autoridad moral, lo cual también es cierto. Voy a cercenar mis posibilidades de trabajo: las cosas se saben siempre; es un espejismo pensar que se puede mantener una situación de fraude. El mundo es chico y la mentira tiene patitas cortas.

La relación con otros colegas: una gran cantidad de problemas que surgen entre colegas, se deben a la ausencia de ciertas normas elementales de comportamiento que se ignoran o se soslayan. Un caso bastante común es el de la intervención de un Arquitecto en una tarea en la que el Comitente lo convoca por no estar de acuerdo con un colega que lleva adelante sus proyectos hasta ese momento. Humanamente es comprensible que el así buscado, por arrimar una tarea más a los escasos encargos que recibe, cometa el error de prestar oídos a una sola campana. Siempre, y sin vacilar un instante, debe dirigirse al colega en cuestión, requerir su visión de los hechos y una vez totalmente en claro con él y el Comitente, aceptar o no el encargo, según su apreciación. Defender los derechos del colega, contribuirá a afirmar el respeto hacia nuestro trabajo –algo mustio– que en general tiene la sociedad.

Más obligaciones: y si nobleza obliga. No podemos olvidar nuestra condición (nuestro privilegio) de universitarios y de dirigentes. La palabra dirigente a veces parece grande para nuestra modestia, pero pensemos que vamos a tener a alguien pendiente de nuestra decisión y trabajo: aunque más no sea un dibujante o un azulejista, o un ayudante de albañil y allí nomás tenemos tres familias en las cuales una partecita de su felicidad se apoya en nuestros hombros.

Llenar las horas plenamente, puede hacerse procurando un trabajo o actividad paralela no rentable o podríamos decir, deportiva. Esta tarea debe tener metas tales como desarrollar nuestra sensibilidad plástica, o creadora, o constructiva, o social. La docencia, la intervención en concursos, la profundización de temas afines con nuestro oficio, que podrán ir cambiando con el tiempo según nuestros intereses, gustos u oportunidades y que enriquecerán nuestra vida interior. Y aclaro que ésto no debe ser una forma de evasión de la realidad, sino por el contrario, la posibilidad de ser más útiles a los que nos rodean y más felices nosotros, a través del estudio, la reflexión y el trabajo.

Como vemos, el estudio, el trabajo meditado y profundo, son los caminos que nos quedan a los arquitectos, diseñadores y a todos los que procuramos soluciones a los problemas que la actualidad nos plantea, que no brotarán mágicamente de nuestro interior, si antes no se fecundó aquel almácigo de ideas.

FLORENCIO ESCARDÓ, destacado médico, escritor y humorista, que firmaba sus escritos como Piolín de Macramé, dice:

> *"En la medicina, como en toda actividad en la que entra el espíritu, el progreso sin cultura, se convierte en un éxito de papanatas."*

Y GUILLERMO HUDSON, escritor inglés muy acriollado, autor de "Allá lejos y hace tiempo", refiriéndose a sus fuentes de estudio dice:

> *"Con el debido tiempo descubrí que aquello que yo buscaba en libros impresos se encontraba principalmente en la poesía. Que media docena de versos cargados de sentimiento poético sobre la Naturaleza, me daban a menudo más satisfacción que un volumen entero de prosa de esos temas."*

El arquitecto docente: nuestra condición de universitarios, nos obliga a esclarecer algunos conceptos sobre todo en lo urbano, que es lo social, lo que nos compete, condiciona y debe interesarnos a todos. No tiene demasiada importancia la calidad intrínseca de un edificio aislado, lo bueno es que el conjunto en que se inserta sea armonioso, que contribuya a lograr espacios urbanos de encuentro, alegres, sanos, seguros, en escala. Debemos insistir siempre en la divulgación de ideas muy simples que hacen a la buena salud de la ciudad, como serían la bondad de las calles arboladas, la eliminación de carteles y publicidad visualmente estridente y sobre todo, la limpieza. Estas ideas (y muchas más) y sobre todo el criterio de pertenencia de la ciudad y del barrio, deben inculcarse con paciencia y persistencia.

Otra consideración importante es comprender que no tiene sentido el trabajo individual. Ya no hay posibilidad para los pueblos ni para las personas de jugarse por si mismas. El sálvese quién pueda, no sólo es inmoral sino que tampoco alcanza. Esta es una hora decisiva, sobre nuestra generación pesa el destino, y es ésta nuestra responsabilidad histórica.
Desventajas de la soledad:

> *9. Valen más dos juntos que uno solo.*
> *Porque es mayor la recompensa del esfuerzo.*
> *10. Si caen, uno levanta a su compañero;*
> *pero ¡pobre del que está solo y se cae,*
> *sin tener a nadie que lo levante!*
> *11. Además, si se acuestan juntos*
> *sienten calor,*
> *pero uno solo ¿cómo se calentará?*
> *12. Y a uno solo se lo domina.*
> *Pero los dos podrán resistir,*
> *Porque la cuerda trenzada*
> *No se rompe fácilmente.*

Eclesiastés 5-4

El cambio del rol del Arquitecto: así como vamos, la cosa parece que no va más; me refiero al ejercicio de la profesión de arquitecto en nuestro medio; sin embargo, mirando hacia atrás, en la historia, creo que no podrá ser tampoco muy distinta. Ocurre que a veces se nos escapa lo esencial de nuestra tarea.

Uno debería pensar que para la mayoría de nuestra sociedad, la nuestra es una profesión en baja, no digo en bancarrota, digo sólo en baja. En otra época fuimos casi indispensables, y nos hicieron monumentos. En Verona está el de MICHELE SANMICHELE. Una de las cosas que deberíamos pensar es porqué nos ocurre esto. Arriesgo algunas causas:

La actitud profesional. La confianza y el respeto hacia nuestra profesión volverán cuando nos la sepamos ganar, entre otras cosas, cuando nosotros mismos nos respetemos, por ejemplo, no cobrando comisiones ni extras por sobre nuestros honorarios, o, para decirlo sin eufemismos, no siendo coimeros. ¿Y qué tiene que ver esto con el diseño? Todo es pertinente, pues una actitud profesional clara y sostenida nos dará un respaldo moral que a la hora de tomar las decisiones, nos permita sostener nuestras ideas con firmeza, mirando a los ojos a nuestro interlocutor.

Un poquito de ecología y mucho de sentido común: partamos del concepto, lamentable concepto, de que el hombre es el más agresivo depredador que habita sobre el globo terráqueo, y que toda intervención causará una modificación en la Naturaleza, casi sin duda de signo negativo. Desaparición de árboles, del manto verde del suelo, modificación de corrientes de aire, cobertura del suelo con solados impermeables, creación de sombras permanentes, etc. etc. Procuremos entonces, en nuestros proyectos, no perder de vista el criterio de causar la mínima agresión al estado virgen de la Naturaleza; que lo nuestro sea una intervención basada en la comprensión y en el amor y no un estupro. Por otra parte, tengamos presente que la Naturaleza se cobra con creces la soberbia de nuestra agresión: costos desproporcionados de la construcción, a medida que se exageran la profundidad de los sótanos o la altura de los edificios; problemas técnicos desusadamente complejos (subpresión de las napas freáticas, viento, sobre dimensionamiento de las estructuras, etc.).

El cuidado del suelo sobre el que construimos debe ser para nosotros de carácter prioritario, pues aún así, sin transformación alguna, es nuestro material de construcción básico, y el sustento de nuestras construcciones. Pero también debemos tener muy en claro lo que dice el Dr. Norman Ernst Borlaug, científico norteamericano, nacido en 1914, dedicado a la producción masiva de alimentos, que recibió el premio Nobel por sus trabajos que se denominaron: la "Revolución Verde." Es miembro extranjero de la Academia Argentina de Agronomía y Veterinaria; en una visita que nos hizo en Buenos Aires, dijo:

"Caminen ustedes la calle Florida, observando atentamente a su alrededor: en las vidrieras verán ropas, calzados, alimentos, enseres, etc. Pues bien, todo lo que consumimos como alimento, y nos ponemos como abrigo, sale exclusivamente de los últimos 20 mm de la corteza del suelo. Y esta leve corteza destruida puede tardar cientos de miles de años en reponerse."

Para Martín Heidegger, filósofo alemán, nacido en 1889,

"El arte está hecho de tierra y mundo."
"La tierra, mientras es inconquistable guarda en su oscuridad la posibilidad de la vida, como el vientre de la madre, cerrada, oscura pero fecunda."

El suelo, material de construcción: extractado de una entrevista hecha al Sr. José Desiderio Echeverz Harriet, (Pochoco, 1905/1985, ganadero, aviador, impulsor de técnicas para evitar la erosión de los suelos e inventor de herramientas de trabajo agrícola llamadas de mínima labranza).
Cuando el hombre se hace sedentario, comprende que debe guardar las semillas para rehacer sus sembrados y así repetir sus cosechas. Las semillas se pueden guardar 50 años o más. Como le hace falta el agua, se establece, vive y siembra al lado de los ríos. Así nacen poblaciones en los deltas, como en el Nilo o en China, o en el Tigris y el Eufrates. Su primera herramienta,

muy rudimentaria, fue un palo de madera. En el Tigris fracasaron por falta de riego y entonces hicieron canales. Quizá de 150 Km de longitud.

Así nace nuestra civilización, pero aquellos hombres sabían poco, y así perdieron la tierra de la Miel y la Almendra, convertida en desierto, por mal manejo de la misma, según los judíos.

Tenían alfabeto, sabían de astronomía, pero labraban mal la tierra.

1000 años a.C, Grecia, Creta, Micenas, son florecientes, tienen una época brillante, pero sin embargo destruyen el suelo.

En Ur, la destrucción fue eólica, el viento arrastró el suelo y les tapó los canales. En Grecia la destrucción fue hídrica.

Luego aparece en escena Roma, cuando ya se había inventado el arado, primero arrastrado por hombres, luego por bueyes; el arado era sólo una púa de madera, muy imperfecto. Pero mientras Grecia y Roma peleaban por el suelo, ellos mismos lo destruían.

Invadieron Cartago que les permitió producir trigo barato y también allí destruyeron el terreno.

En 1492, Colón descubre América, mientras en Europa cundía la hambruna. América exporta granos, pero cometen el mismo error, destrozan el suelo, pero no tienen tiempo de agotarlo. Comienzan con la costa este de Estados Unidos y van hacia el oeste: ya han perdido grandes superficies. Ver: HUGES BENETT "El suelo que nos soporta." BENETT es el padre de la edafología, la ciencia que estudia los suelos desde el punto de vista físico-químico y sus relaciones con la biología. *Edafo*, es un prefijo derivado de *edaphos*, suelo.

En la actualidad, y entre nosotros, se hacen trabajos para recuperar los suelos, por medio de la siembra de lombrices, entre otras técnicas: 10 Tn de lombrices "laboran" o labran 100 Tn de tierra, la digieren, la esponjan. Se trata de una variedad llamadas lombrices "canadienses", pequeñas, (15 mm de largo y delgadas, 1 mm de diámetro) de color rojo subido.

Y entonces ¿Por qué seguimos haciendo ladrillos comunes, que es una forma grosera de destrucción del suelo? ¿No es también una forma de autodestrucción? Muy pocos países del mundo permiten que se fabriquen, nosotros aún lo consentimos.

Los campos destruidos del noroeste de la Provincia de Buenos Aires y de todo el perímetro del Gran Buenos Aires, son un testimonio trágico. Pero aún hay otra razón tanto o más válida para que nos movamos en dirección de alguna legislación que impida su fabricación: las condiciones sub-humanas en que se desempeñan las tareas de fabricación. Pocas actividades han quedado tan al margen, tan relegadas de condiciones dignas. Desde los tiempos bíblicos hasta hoy, las condiciones de trabajo de esas gentes son lo más parecido a la esclavitud.

> ÉXODO 1,13-14 *"por eso, los egipcios redujeron a los israelitas a la condición de esclavos y les hicieron insoportable la vida, forzándolos a realizar trabajos extenuantes, la preparación de la arcilla, la fabricación de ladrillos y toda clase de trabajos agrícolas."*

En realidad, la legislación prohibiendo el uso del suelo para hacer ladrillos existe, pero no se cumple (¿).

Las Herramientas del Proyecto

"Como todo arte, la arquitectura nos ayuda a contemplar. La gente quiere que los edificios que representan su vida social y colectiva les ofrezcan algo más que una satisfacción funcional. Desean satisfacer sus aspiraciones de monumentalidad, alegría, orgullo, esperanza."

José Luis Sert

Antes de hablar del proyecto, debemos pensar: ¿se puede proyectar? Proyectar quiere decir "pensar hacia adelante." El diseño, el acto de construir en orden o en desorden, parece formar parte del destino del hombre. Constituye la única oportunidad, para el animal pensante que somos, de preservar la vida en un planeta por demás limitado. Es algo más que un lujo para refinados o un medio para lograr mejores condiciones comerciales; es una forma de supervivencia.

¿Es posible proyectar? ¿Podemos hacer planes o nos hacemos la ilusión de que podemos?

Para poder hacer proyectos, parecería que debe existir el libre albedrío, cosa que siempre ha generado dudas. La otra posición, es dejarnos llevar por la vida, dejarnos estar.

Una segunda cuestión filosófica, es la de preguntarse si realmente existe el "mundo exterior." ¿Hay algo realmente fuera de nosotros que sea factible de la configuración o manejo por parte del hombre? Parecería que si, si somos capaces de ejercer sobre este "exterior" el peso de nuestras decisiones.

Quedan en pie las dudas: ¿somos libres para actuar, o estamos simplemente rodeados de nuestras propias ilusiones?

Desde filósofos hasta simples creyentes, todos ponemos en duda si todo no fue creado y ajustado de antemano −con todas sus consecuencias− de tal forma que aún los más simples actos no dependieran de su voluntad.

¿El hombre, es amo y señor de su destino? O es una pieza. La arrogancia natural lo subleva, todo esto ha sido durante siglos un enigma.

Los proyectos de arquitectos, urbanistas, etc. a menudo van teñidos de dudas, de que las cosas se vayan a desarrollar tal como se las proyecta.

Por otra parte, hay muchos pensamientos −nacidos del deseo− de que las cosas se arreglarán por si mismas, sencillamente dejando que suceda lo que suceda.

Además hay otra cuestión molesta: se puede separar al hombre del mundo general, de modo que pueda actuar sobre él. ¿O es que él y lo que lo rodea no son más que una sola cosa?

En la India se dice: "Lo que te rodea lo eres tu mismo." ALEXIS CARRELL dice que estamos unidos con nuestro alrededor inextricablemente. Por eso fakires, sabios, santos, eremitas, se contentan sabiamente por ejercer su ser más profundo, en la meditación y les es repugnante cualquier creación o diseño, que de cualquier manera es una modificación del mundo.

Cuando enfrentemos un proyecto, hagámoslo a partir de que nuestra guía sea la observación verificable y no la especulación abstracta. Hagámoslo a partir de experiencias sensoriales básicas, acerca de la reflexión delicada que existe entre las estructuras físicas y el sistema nervioso.

Vamos a hablar de proyecto, si es posible, desde la poesía, o cuanto menos, de la literatura. No vayamos a hacer caso del buen gusto y de la belleza, todos deberán ser actos del espíritu.

Cuando enfrentamos un nuevo proyecto (puede tratarse concretamente de un proyecto de arquitectura), ponemos en funcionamiento una serie de conocimientos racionales y también de los sentimientos.

El conocimiento racional es producto de la experiencia que nosotros tenemos con los objetos y los acontecimientos de nuestro medio ambiente diario. Pertenece al mundo del intelecto, cuya función es la de discriminar, comparar, jerarquizar, dividir, categorizar. De este modo se crea un mundo de distinciones intelectuales, de antagonismos que sólo pueden existir en relación unos con otros.

La abstracción es un rasgo importante de este conocimiento, pues con el fin de comparar y de clasificar la inmensa cantidad de formas, estructuras y fenómenos de nuestro alrededor, no podemos tomar todos sus rasgos en cuenta, sino que hemos de seleccionar unos pocos significativos. De esta manera construimos un mapa intelectual de la realidad en que las cosas se reducen a sus ideas generales.

El conocimiento racional es entonces un sistema de conceptos y símbolos abstractos, caracterizado por la estructura lineal y secuencial que es típica de nuestro pensamiento y de nuestra forma de hablar. (En la mayoría de las lenguas esta estructura lineal se hace explícita con el uso de alfabetos que sirvan para comunicar la experiencia y el pensamiento en largas líneas de letras).

El mundo natural, por otro lado, es un mundo con infinitas variedades y complejidades, un mundo multidimensional que no contiene líneas rectas o formas completamente regulares, donde las cosas no suceden en secuencias sino todas juntas. Un mundo, donde como nos dice las Física moderna, el espacio vacío es curvo, concepto bastante difícil de comprender.

El mundo de la ciencia es, desde luego, el mundo de la ciencia que mide y cuantifica, clasifica y analiza. Este es un concepto occidental del conocimiento.

Nuestra representación (occidental) de la realidad es mucho más fácil de alcanzar que la misma realidad. Liberarnos de esta confusión es uno de los principales fines del misticismo oriental, que desde el budismo, llama a esta forma de pensar el conocimiento "relativo."

Como contraste al concepto mecánico occidental, el concepto oriental del mundo es "orgánico." Para el misticismo oriental, todas las cosas y los sucesos percibidos por los sentidos están interrelacionados, conectados, y no son sino diferentes aspectos o manifestaciones de una misma realidad definitiva.
En el concepto oriental, la división de la Naturaleza y el objeto separados no es fundamental y cualquiera de tales objetos tiene un carácter fluido y siempre cambiante. El concepto oriental del mundo es, por tanto, intrínsecamente dinámico y contiene el tiempo y el cambio como rasgos esenciales. El cosmos es considerado como una realidad inseparable –siempre en movimiento– vivo, orgánico, espiritual y material al mismo tiempo.

Cuando la naturaleza proyecta, nos hace creer que lo hace a medida que el árbol crece, pero seguramente ya lo tenía todo previsto; no hará dos hojas de árbol iguales, como no hay dos caras iguales.
Cuando la abeja proyecta su obra, roza la perfección: la forma, el contenedor, la puesta en obra; ella, los pájaros y las arañas son los únicos que construyen sin modificar el paisaje, caro esfuerzo a veces desmentido por la egolatría de los arquitectos que no entendemos nuestro oficio ni nuestro rol.
Los fractales arrimaron una posibilidad de diseño de las hojas y de los árboles, o de las conchas de los moluscos, o de las nubes o de las formas de las montañas, que son sólo una aproximación más. Pero que es burda, elemental, desde que ella se basa sólo en la geometría, que precisamente en la naturaleza no existe, y en una sucesión de acontecimientos azarosos, (el random de la computadora) puramente matemáticos.
En realidad, la forma de esa hoja y de ese árbol, tiene que ver con una globalidad de acontecimientos inalcanzables para la mente, como son inalcanzables los tamaños de los espacios siderales y los subatómicos.

Para desarrollar un proyecto, necesitamos fundamentalmente tres cosas: un programa de necesidades, un sitio donde desarrollarlo y una teoría donde buscar las soluciones que mejor se acomoden a él, amén de imaginación, y mucho, mucho trabajo, esfuerzo y paciencia.

En nuestras clases de Diseño, por motivos didácticos, en general el alumno muchas veces apoyado y alentado por el docente, busca "la idea" como una cosa abstracta, que una vez aprehendida, tratará de materializar. Entonces, en una segunda etapa, piensa en los materiales, en la estructura, en las instalaciones, etc.

Creo que esto: la forma de construir, la estructura a desarrollar, por supuesto el sitio y el clima, deben estar presentes con la idea, ir madurando con ella, porque sin duda contribuirán al devenir del proyecto, lo enriquecerán. Pensar así nos permitirá ir determinando el aspecto, el carácter que tendrá la obra. Me parece que es importante insistir en la idea de que Diseño, o Composición, o Arquitectura, es una materia donde se debe arribar a cosas que se puedan construir (dentro de las limitaciones que el ejercicio como tal establece) y para ello se debe tratar de llegar a soluciones lógicas y en lo posible que sean factibles o imaginando que lo serán en un futuro entre nosotros.

Entreveo que para ello el proyecto se deberá expresar desde el punto de vista de los materiales y aún en ciertos casos desde la puesta en obra. ¿Será mucho pedir?

Hablemos un poco del programa: éste habitualmente surge de las necesidades que expresa el Comitente si se trata de una vivienda por ejemplo, o de la Institución o Grupo que requiera la obra. Está casi seguramente expresado en forma sintética, con una lista de locales que cumplen funciones específicas, a los cuales se agrega una cifra en m2 que la experiencia previa de quién hace el programa adjudica. A ésto se agregan superficies adicionales correspondientes a áreas ocupadas por muros, tabiques y circulaciones –a veces expresadas en porcentajes– Si el programa corresponde a un edificio complejo y extenso, suele desarrollarse por "paquetes" funcionales que a su vez se desdoblan en locales, servicios de cada paquete, etc.

Todo esto puede prefigurar algunas carillas que el arquitecto o proyectista tomará como base para el desarrollo del proyecto.

¿Será realmente así?: no, no, de ninguna manera. Esto es sólo una base de arranque. Aquí comienza ya la labor del proyectista, enriqueciendo esta lista de necesidades con otras más o menos importantes –pero nunca desechables– que su experiencia previa y el estudio de otras obras similares y su raciocinio le indiquen. Desmenuzará el programa inicial adjudicando sub-funciones a las ya señaladas, sopesando importancias y jerarquías, sacando un poco de aquí, dando más allá, si es posible consultando al comitente, tratando siempre de actuar en actitud docente, aclarando y mostrando. Y entonces tendrá otro "programa" un poco más cerca de la necesidad verdadera, que será un programa de ninguna manera fijo y estático, sino elástico y cambiable, capaz de seguir adaptándose a un mejor desarrollo del proyecto, a medida que éste avance.

Llegado a este punto, el proyectista deberá ser capaz de memorizarlo en su totalidad, y nunca antes de llegar a este estadio comenzará a dibujar, a trazar siluetas o manchas de superficies, ideas funcionales o plásticas, etc.

El sitio del proyecto: cuando tengamos un terreno donde desarrollar el proyecto, deberíamos estudiarlo a fondo en sus medidas, su topografía, sus niveles, su ubicación, orientación, bordes, límites, el clima del sitio, las vistas y mil y una circunstancias que no debemos pasar por alto, aunque nos parezcan nimias.

Analizar las reglamentaciones de uso del terreno, profundizar sus antecedentes y verificar sus consecuencias. Ver que retiros, alturas máximas, fondos obligatorios son menester.

Hacer un viaje por el pasado de ese terreno, procurando reconstruir su historia, hasta donde podamos, nos ayudará a situarnos en el campo y apreciar ciertas características de su conformación espacial y en cierta medida predecir su futuro. Un terreno o un sitio sin duda son especialmente aptos para un cierto y determinado proyecto que quizá sea el que nosotros le proponemos o quizá no. Determinar esa "vocación" también nos ayudará a comprenderlo.

Debemos estudiar el sitio donde se construye, porque ésto constituye un acto del espíritu.

Construir ya es deteriorar: nuestro proyecto, aunque pequeño, será trascendente, para bien o para mal, porque modificará la Naturaleza. La voy a agredir, crearé sombras, restaré verde. Sin duda, desde el momento en que se clava la primera pala para echar el cimiento de la más insignificante construcción, se está cometiendo un acto que va en detrimento del medio ambiente.

Nada puede contribuir más al mejoramiento de un sitio natural que dejarlo como está. Nunca unas paredes o un techo, tan proporcionadas o hermosas como pudieran haber sido concebidas, competirán ganando con el trozo de gramilla y flores silvestres que sepultaron, con la maravillosa estructura del hormiguero que ocultaron, con la laboriosa actividad de la lombriz que paralizaron, del canto del ave en la rama que no está, del color del fruto que no fue.

LOS MEJORES LUGARES DEBEN SER PARA LA COMUNIDAD: una primera decisión que se debe tomar con respecto al uso del suelo, debe ser la de no construir en los lugares que por sus características especiales de paisaje, o forestación, cercanos al mar o al cauce de los ríos, en faldeos, lomas o elevaciones, deben reservarse para lugares comunes, de recreación, paseo, etc.

MEJORAR LOS SITIOS MALOS: en cambio, se deben tratar los terrenos afectados por marismas o inundables, pantanosos, palúdicos, saneándolos y luego construyendo allí, con lo cual se logrará mantener los buenos lugares en condiciones más parecidas a los naturales, al par que se mejorarán los degradados.

PLANTAR UN ÁRBOL: en cuanto sitio, grande o pequeño, de la posibilidad de plantar un árbol, allí debe ser plantado.

Se deberían imponer grandes planes de forestación en zonas marginales o desérticas, estudiando la forma de lograr pulmones verdes amplios, bosques que ayuden a la oxigenación de la atmósfera. Pero independientemente de estos planes, cada uno de los ciudadanos debemos tomar a nuestro cargo la plantación de un árbol, **uno solo**, y cuidar su desarrollo, limpieza, atención, etc. Cada vereda, cada pequeño espacio de tierra, fondo de construcción, jardín, debe lucir "su árbol".

Las zonas consolidadas de las ciudades, deben ser penetradas por "cuñas verdes" que las recorran; nuestras construcciones deben dar siempre el lugar para el árbol, o el arbusto, o aún la pequeña planta.

¿UTOPÍA O IMAGINACIÓN?: según LE CORBUSIER, urbanismo es "el uso inteligente del suelo." Aunque suene utópico, creo que es el momento de imaginar nuevas e inteligentes formas de usar el suelo, más acordes con las realidades que nos plantean las tecnologías de las comunicaciones y los transportes. Comunidades donde el hombre no deba "ir a trabajar", sino que lo haga desde su casa con su computadora personal. Esto ya es tan así, que los diseñadores de ropa se orientan hacia aquellos atuendos que deberán usarse en casa. Y también un cambio palpable, es el de los que regresan al campo, pues ellos y sus hijos encuentran ya en las comunicaciones interactivas, la posibilidad del contacto cultural y educativo desde el hogar.

El hombre de a pie: aún si esta forma de vivir se verificase, el hombre, ser gregario, tendrá la necesidad de encontrarse con sus amigos en el club social, o ir al dentista, o a cortarse el pelo, pero todas estas actividades serán ubicadas en el radio de las distancias recorribles a pie o en bicicleta, procurará la desaparición de la necesidad del automóvil, (¡) lo hará inútil. El automotor sólo tendrá sentido como auxiliar de cargas limitado, como autobomba o ambulancia. Esto no me lo creo ni yo que lo estoy escribiendo y deseando, habida cuenta de la forma que el hombre está aferrado a su auto, posiblemente por aquella oscura razón que lo invadió la vez que a alguien se le ocurrió inventar "las botas de las siete leguas."... pero en fin, quien tanga dudas de que las cosas están cambiando, que observe lo que pasó con el televisor: nos hizo perder el hábito de la conversación, la lectura y la audición de música y nos está haciendo dependientes de las noticias en forma compulsiva.

ENCUENTRO DE TECNOLOGÍAS: es muy posible que puedan enlazarse estos pueblos o aldeas, con vehículos accionados por energías no poluyentes –ya podrían ser trenes eléctricos– y aún usarse otras formas de trabajo para la agricultura.

Si la escala y el tamaño de las subdivisiones de la tierra las hacen económicas, y es posible que un cuidadoso estudio que tenga en cuenta los factores de eficiencia así lo demuestren, se debería volver, en muchos casos al empleo de la energía animal, bueyes o caballos. La tecnología aeronáutica, está proveyendo arneses de paracaidismo y cinturones de seguridad más livianos y confiables, de materiales nuevos, que aplicados como aperos de tiro sobre un buey o un caballo y ensayados en el dinamómetro, nos dirán cuál es la forma más eficiente y humanitaria de su atalaje, cuáles sus mejores y más aptas dietas de alimentación, cómo aprovechar mejor sus deshechos para elaborar gas combustible y fertilizantes. He aquí planteado todo un programa de diseño industrial y antes un estudio de biónica.

"En la década del 30, se llegó a sembrar en la Provincia de Buenos Aires, 7 millones de hectáreas sin tractores, sin cosechadoras autopropulsadas, con malos caminos y casi sin comunicaciones." Datos del Sr. DESIDERIO JOSÉ ECHEVERZ HARRIET, Premio Masey Ferguson.

RESCATE DE SITIOS DEGRADADOS: para sitios ya consolidados, se debe estudiar la posibilidad de "Green ways" a la manera de los muchos que ya están apareciendo en los Estados Unidos: caminos aptos para tomar sol, andar en bicicleta, para trotar, para disfrutar de la Naturaleza en una forma atractiva y gratificante. Estos deberán procurárselos las comunidades mediante expropiación y también tratando de que ocupen sitios degradados que con la forestación y el arreglo, mejoren las condiciones naturales de los lugares que atraviesen. Es obvio que una buena forma de lograrlos es siguiendo y completando las cuñas verdes, las forestaciones, las orillas de arroyos o ríos poluídos que se rescaten.

Uso del suelo: en la República Argentina, país en el cual lo que sobra son espacios dilatados, también tenemos el criterio de los mismos, estrecho y egoísta, fundado en la especulación. Es así que nuestras ciudades están conformadas por masas construidas sin espacios libres, que deterioran la calidad de vida de sus habitantes.

La especulación: concretamente, hay mucha gente que vive permanentemente con luz artificial, habida cuenta que nuestras reglamentaciones municipales, complejas y crípticas, contienen directivas como Factor de ocupación total FOT, factor de ocupación del suelo FOS, de regulación de densidades, etc. etc. y que finalmente convierten sus habitaciones en viviendas cavernícolas.

El derecho al sol: en otros países, los reglamentos exigen que por las ventanas de los locales habitables, el sol penetre un cierto número de horas (1 ó 2 horas por día). Esto, sin embargo, no impide que las sombras arrojadas

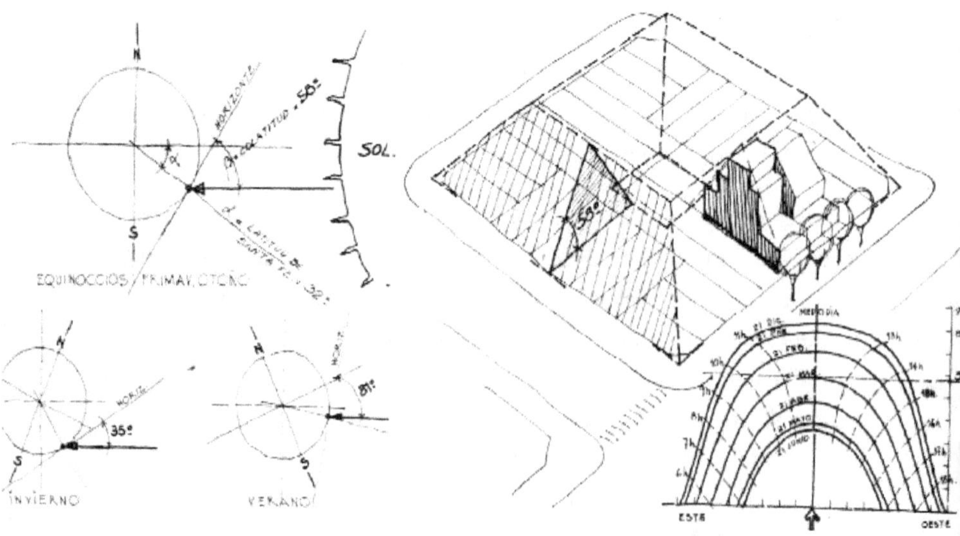

no afecten a algún vecino, situación injusta que parece que resuelve el problema en función de la oportunidad: quien construye primero tendría ventaja sobre sus vecinos. Se trataría de determinar simplemente, que las sombras arrojadas por el edificio construido dentro de determinadas horas y épocas, caigan sobre terreno propio, sin afectar a los vecinos.

De esta manera, se regulan en forma automática, (y cósmica), la ocupación del suelo, la altura permitida y por ende la densidad (habitantes por hectárea) queda librada a la voluntad del diseñador, la elección de la volumetría, su posición, etc. Podría legislarse quizá, la admisión de sombras sobre sitios comunes como lugares de llegada o veredas, calles, etc. La elección de las posiciones límites del sol, a fin de determinar la sombra arrojada, estarían en función de la latitud, (que determina un diagrama de trayectorias) y de las temperaturas medias del lugar, su régimen de vientos y otras pautas meteorológicas.

Hilario Fernández Long, Ingeniero, destacado estructuralista, Profesor y Rector de la Universidad de Buenos Aires, escribió un interesante artículo donde prevenía a quienes construyan en esa privilegiada franja de tierra que se llama Puerto Madero, al este de la Ciudad de Buenos Aires, casi sobre el Río de la Plata. Decía allí:

"En los proyectos preparados para dar a las tierras de Puerto Madero un destino extraportuario no se menciona, por lo que yo sé, el peligro de inundaciones. Los terrenos del puerto tienen un nivel escasamente superior a la altura de las máximas crecidas del río. El nivel de las aguas se incrementa por la influencia del mar (mareas) y por la acción meteorológica (sudestadas) hasta alcanzar unos 3 metros y medio sobre el nivel promedio. A estas crecidas debe sumársele el posible aumento general del nivel del mar por fusión

de los hielos polares a causa del llamado "efecto invernadero" –calentamiento global– por incremento del contenido de gases (anhídrido carbónico, metano, etc.) en la atmósfera. Por esta causa se prevé un ascenso en el nivel del mar, durante el siglo XXI, de hasta 6 metros, según pronósticos pesimistas, y de hasta 2 metros, según cálculos optimistas. De cualquier manera, en los proyectos de utilización de los terrenos de Puerto Madero, debería pensarse en una posible crecida del Río de la Plata de por lo menos 6 metros sobre el actual nivel medio, la que cubriría toda la zona del Puerto.

Esta circunstancia obligaría a construir las entradas de los edificios y sus accesos viales, por encima de esa cota. La construcción de todo el complejo edilicio y de sus calles sobre plataformas elevadas podría constituir una peculiaridad arquitectónica y urbanística compatible con requerimientos estéticos y ecológicos."

Si se cumpliera aunque fuera en parte, esta prevención, sería sencillamente catastrófico para esa serie de renovados y elegantes edificios, que quedarían con los pies dentro del agua (¡).

Sigamos estudiando el sitio: deberíamos asimismo hacer croquis, cortes señalando los niveles, los árboles, cercos, construcciones vecinas, etc. Reivindico aquí las ventajas de los dibujos y croquis por sobre las fotografías que a no dudarlo pueden –y deben– ser material complementario en el estudio del sitio. Ocurre que cuando se hace un croquis, se ponen de manifiesto una cantidad de acciones recíprocas que van del lápiz al cerebro –vía los sentidos– y que exageran o acentúan algunas cualidades del sitio o personaje que se dibuja, una suerte de caricatura, que pone de manifiesto aquellas características más destacables, y establece límites de apreciación más precisos.

Sería bueno pensar o estar convencidos, en este punto, que toda acción que desarrollemos sobre este terreno, será en desmedro de la Naturaleza. Este convencimiento nos debe acompañar siempre, será fruto de la obediencia a la locución latina DECUS ET TUTAMEN, Decoro, respeto y cuidado, resguardo o tutoría por el bien que la Naturaleza pone en nuestras manos. (En homenaje al Sr. Julio Rolandi, difusor y defensor de la locución).

Aprender a ver: Richard Neutra, Arquitecto nacido en Viena, residente en Estados Unidos, que falleció en 1970, autor de varios libros. Sabiamente nos dice que uno puede "ver" el espacio con los ojos cerrados, por ejemplo en el interior de una iglesia, apreciando su magnitud, su profundidad, a través de la reverberación del sonido de nuestros pasos sobre las losas del piso. Y también por el aroma de los cirios, del incienso. O sea, que nos está diciendo que el espacio no se aprecia sólo con el sentido de la vista, sino que su volúmen, su direccionalidad, su altura, pueden ser apreciados además por leves ecos, rumores, suaves corrientes de aire, radiaciones detectadas por

nuestra piel, (la piel está tapizada de órganos receptores que se llaman órganos de Golgui) y muy especialmente los aromas y olores.

Los olores sobre todo, en todas las circunstancias actúan y nos orientan o retrotraen escenas o situaciones que ya hemos vivido. (Recomendamos leer "El Perfume", libro de PATRICK SUSKIND. Editorial Six Barral, 1992).

Cuando los saurios, antepasados del hombre, aún reptaban, tenían cuatro patas primitivas, y vivían a orillas del mar o de las lagunas, su sentido más desarrollado era precisamente el olfato. Su cerebro-olfativo, se fue recubriendo de sucesivas capas de materia gris, a la manera de una cebolla, a medida que evolucionaba. Luego el saurio se puso de pie, con un cerebro más desarrollado, pero aún hoy, un aroma es capaz de retrotraernos a una situación vivida con mucha mayor fuerza y velocidad que una imagen, pues ese estímulo golpea en una capa del cerebro más profunda. ¿Quién no ha

reaccionado recordando algún pasaje de su niñez ante la presencia de algún aroma particular? Se dice que los hombres de campo, en un primer reconocimiento, sienten el olor del caballo y por él definen su calidad.

Pensar en grande: Debemos tratar de habituarnos a "pensar en grande." Esto es muy difícil, depende de la educación que uno ha recibido, de su ámbito de conducta, de su forma de vida, etc. Pero se puede y se debe ejercitar. Cuando terminemos de desarrollar todo el programa de un proyecto en un sitio, si nos "sobra" terreno, casi seguramente el proyecto está mal. Un proyecto empieza a estar bien, cuando notamos que de tener más espacio, lo desarrollaríamos mejor. Cuando sobra terreno o lugar, es porque aún no hemos logrado involucrar todas las posibilidades que nos ofrece el sitio, que no se reducen sólo a lugar y espacio, sino que pueden ser las vistas, formas de gozar los exteriores, etc.

Pensar grande es, en cierta manera, pensar en el tiempo. Pensar que las cosas no son en general como creemos, sino que en cierto momento toman su propio vuelo. Dejar siempre las cosas preparadas para que el día de mañana sigan prestando servicio, que lo que hagamos no sea mezquino o limitado. Sin embargo, será bueno que este pensar grande no afecte a nuestras propias expectativas, porque ésto se acercaría mucho a la ambición, y entonces nos haría vivir bastante mal.

Tengo que decir algo de la computadora: la computadora es una máquina de "hacer" planos; los hace perfectos, precisos, sin errores, pero también (mientras el operador no tiene un gran dominio sobre ella) impersonales, sin vida, fríos.

El arquitecto o futuro arquitecto, o estudiante no puede, según mi modesta opinión, no tener un tablero, una mesa de dibujo y lápices, marcadores, lápices de colores. Siempre tuve una cierta desconfianza de aquellos arquitectos que en vez de tener mesa de dibujo tienen escritorio. Dice Le Corbusier en el fascículo "Si yo tuviese que enseñarles arquitectura", de su libro "Mensaje a los estudiantes de arquitectura." Ediciones Infinito, Buenos Aires 1993, acerca del uso de los lápices de color:

"He aquí una regla útil: use lápices de color. Con el color Ud. acentúa, cla-rifica, desenreda. Con el lápiz negro queda atascado y está perdido. Dígase siempre: los dibujos deben ser siempre fáciles de leer. El color le salvará."

Cuando se enfrenta un proyecto, las primeras ideas, y aún los primeros bocetos y esquicios, se deben hacer a mano, pues la mano es aún más rápida que la máquina, y sobre todo porque uno va viendo la totalidad del proyecto. En ese momento, y determinada quizá una grilla ordenadora o módulo, entonces en la computadora podemos hacer un primer dibujo sobre el cual, en escalas variables se colocará en papel, y se seguira dibujando, moviendo y determinando con mayor precisión las distintas partes. En ese momento se detallará el corte y aún las vistas, agregando las primeras ideas de construcción, los materiales, la estructura. Después será el tiempo nuevamente del dibujo computarizado, y nuevamente al tablero y papel y lápiz. De modo tal que el proyecto avance todo a la vez, no dibujar sólo plantas, habrá que ir haciendo perspectivas, croquis y aún una rudimentaria maqueta. El trabajo debe estar siempre terminado (palabras de Sacriste), aunque con distintos grados de profundidad. Por último, en la computadora, haremos el trabajo fino de ajuste y representación final.

La originalidad: procurar ser original a priori en nuestros proyectos, es una actitud equivocada. La nuestra debe ser una de las pocas profesiones donde confesar un antecedente en el proyecto o en el detalle, configura un deshonor. Un médico reconoce que una intervención la realiza con técnica impuesta por un colega maestro, a la cual el agrega su aporte. Un arquitecto difícilmente reconozca una situación así, que por otra parte es real, y lícita. Y que yo me atrevería a impulsar diciéndole a los colegas no teman "copiar" de los maestros y de los clásicos; ellos transitaron un camino e hicieron una experiencia. A partir del conocimiento profundo de sus obras y de las condiciones en que fueron hechas y sólo desde allí, cualquier avance que nosotros podamos aportar, aunque modesto, será nuestro aporte original, nuestro granito de arena al avance del diseño.

Pero veamos que sobre este tema las opiniones pueden ser muy distintas: está también la de Guillermo Hudson. Esta es una carta a destinatario desconocido, del 25 de octubre de 1910; es muy interesante:

"Nunca recibí instrucción alguna; fui criado en un país semibárbaro donde no había escuela ni maestro, ni iglesia, ni cura, ni médico. Si Ud. quería casarse o ver a un médico tenía que montar a caballo y hacer un largo viaje. Pienso a menudo que fui muy afortunado, ya que en la escuela se ahogan la originalidad y las observaciones de un chico y se le enseña a buscar la salvación en libros, libros y más libros."

Ser sistemático: acostumbrarse a andar siempre con un cuaderno para tomar apuntes, lo más claros posible, donde anotar todas las cosas que nos son útiles. Quizá lo mejor sea un cuaderno de hojas lisas (no usar hojas sueltas), con un lápiz blando, una birome negra o un marcador fino más un (uno solo) lápiz de color. Un lápiz de sanguina termina haciendo del cuaderno una obra de arte (¡).

Como dijimos, allí deben quedar asentadas todas las observaciones, medidas, formas, que nos llamen la atención. Apuntar todas las clases o referencias de los docentes, positivas y negativas, hacer croquis de los viajes, paseos, espectáculos, medir espacios, observar la luz en todos los casos. Tratar de hacer todos los días el análisis de lo efectuado, y sacar las conclusiones pertinentes. Medir con la mirada, hasta dónde son 8 km, hasta donde 12, etc.

Julio C. Usandibaras, en su libro "La aventura de la palabra" cuenta como reparte su tiempo un personaje como fue el Dr. Gregorio Marañón: éste contesta:

"El día que uno tiene que hacer un viaje –nos explica– aunque se levante a la hora habitual se organiza de tal modo que el número de quehaceres es infinitamente mayor. El secreto mío es la acción múltiple del día del viaje. Cada mañana, al despertarme, yo me hago la ilusión de que tengo que emprender un largo viaje y eso me da mucha facilidad para distribuir provechosamente el tiempo."

Leer: generalmente uno no sabe leer bien un libro; para hacerlo se debe apuntar en la solapa, todas las observaciones que se van registrando, con el número de la página, de manera que sea fácil volver a retomar la información cuando uno la requiera.

Lo más nuevo se halla en los libros que se acaban de publicar, pero ello no presupone que sea lo más bueno; hay que tratar de leer "libros viejos", donde uno no encontrará refritos, o libros que decididamente carezcan de edad, los Clásicos, que lo que contienen es generalmente rigurosamente cierto y actual, por tratarse de verdades eternas.

Ray Bradbury, novelista norteamericano autor de "Fahrenheit 451." Decía en esta novela:

> *"Los libros sólo eran receptáculos donde almacenábamos las cosas que temíamos olvidar. No hay nada mágico en ellos. La magia está en lo que dicen los libros, en como unían los diversos aspectos del Universo hasta formar un conjunto para nosotros."*

La Observación

"La vida va gastando nuestra capacidad de sorpresa, y la sorpresa es el principio de una visión verdadera del mundo."

ELADIO DIESTE.

Todas las mañanas yo preparo el desayuno. La ventana sobre la mesada de trabajo, tiene vista a un pequeño espacio con césped al que concurren más o menos una docena de gorriones *(passer domesticus)*, cuatro palomas torcazas *(zenaida auriculata)*, y algunas caseras *(columba livia)* cinco o seis zorzales colorados *(turdus rufiventris)*, uno o dos benteveos *(pitangus sulphuratus)*, y cuando tengo suerte hasta cinco cabecitas negras *(carduelis magellanica)*. Me esperan sobre un fresno piando y revoloteando. Cuando llego con las miguitas (mi salida debe servir además, junto con una corta recorrida, para ahuyentar un gato negro vecino) todos se preparan. Regreso entonces a mi puesto de trabajo-observatorio y ellos, entonces se dejan caer a picotear. El primero casi siempre –el más audaz– es un zorzal. Impone su presencia con su tamaño y su actitud agresiva. Es el patrón: si alguno de los otros no es de su amistad, gorrión, paloma o congénere, se encarga de correrlo.

El benteveo es el más tímido, rara vez se posa en el suelo: observa desde lejos y en el momento adecuado, levanta su comida en vuelo rasante.

Cuando por alguna razón no respeto el horario que tácitamente tenemos acordado (el horario del desayuno habitual) y salgo al patio, no hay nadie esperándome. Pero basta que de una vuelta exhibiendo la tabla del pan con las migas, desde lejos, desde unos 30 m, desde las copas muy altas de los plátanos que bordean la vereda, alguno me ve, vuela velozmente hasta mi patio se para en el fresno, y anuncia a sus compañeros que ha llegado la comida. El anuncio es un gorjeo prolongado y alegre que atrae inmediatamente a sus compañeros.

Este, mi ejercicio de observación mañanero, me ha servido para determinar algunos hechos, que si bien no son tan importantes como para cambiar el curso de los acontecimientos de la vida, tienen su valor.

Las palomas y los horneros caminan, los gorriones, zorzales y benteveos avanzan a saltitos con las dos patitas a la vez. Los más agresivos son los zorzales; tienen aspecto de bravucones, con las puntas de las alas un poco caídas al costado del cuerpo, y sacando pecho (o buche). La zorzala, (¿) (la hembra del zorzal), cuando alimenta a sus crías que ya han dejado el nido y muchas veces son de tamaño mayor que el de ella, demuestran su valor y su conciencia maternal con fiereza. Tuve la oportunidad de ver como sobrevolaba por encima de un gato despavorido, picoteándole la cabeza

hasta alejarlo vergonzosamente. Este gato, había tenido la peregrina idea de cazar una de sus crías.

En materia de vuelo, todos estos pajaritos están en el orden de los revoloteadores. Es decir, no planean, se mantienen a fuerza del aleteo continuo. Los zorzales vuelan muy rápido, cuando quieren son una flecha oscura. Las palomas tienen un vuelo más pausado y antes de aterrizar, prácticamente se detienen en el aire y se colocan casi verticales. Los gorriones, quizá por su tamaño menor, se van pareciendo a los picaflores e incluso hacen algunas evoluciones parecidas: son capaces de caer como una masa sin vida –como una piedra– y a pocos centímetros del suelo detenerse en el aire con vigoroso aleteo, girar sobre si mismos, y aterrizar suavemente. Deben haber sido los inspiradores del avión Harrier, aquel que usaron los ingleses en Malvinas, que puede despegar y aterrizar verticalmente.

Y generalmente a las tardes, y sobre todo en verano, visitan nuestro jardincito algunas calandrias *(mimus saturninus)* y algunos picaflores *(picaflor garganta blanca, leucochloris albicollis)*. Su agilidad y velocidad lo hacen atrevido y permiten que uno se acerque, sobre todo si se lo tienta con un chorro de agua fresca de una manguera amigable. El placer de su presencia es múltiple, pues a su vuelo, impredecible en dirección y velocidad, se suman sus colores irisados y el sonido que produce su aleteo, un zumbido continuo y vigoroso.

Dije antes que estas observaciones no cambiaran el curso de los acontecimientos de la vida pero tienen su valor. El más importante me parece que es el de gozar por un rato largo de un espectáculo incomparable de vida y de salir de él fortificado y optimista, pensando en el dicho del Eclesiastés 11,1:

"Arroja tu pan sobre la superficie del agua, y a la larga, lo volverás a encontrar."

La Curiosidad

"La pregunta llega, a menudo, después de la respuesta."

OSCAR WILDE

"Creo, sin embargo, que algunas cosas no cambian: yo aconsejaría no perder nunca, y cultivar siempre, enfáticamente, la curiosidad y el entusiasmo."

ERNESTO SHOO, La Nación, 27/11/05.

HUDSON dice: Adulto y niño:

"Ese deleite y asombro continuos que existían en el niño y en el adolescente, capaces de llegar hasta el arrobamiento, se marchitarían y desvanecerían, cediendo su lugar a esa especie de satisfacción inferior y opaca que obtienen los hombres en la tarea prescripta, y el trato de cada día y cada hora con otros de condición parecida y los hechos de comer, beber y dormir."

Deberíamos revalorizar en los niños el trabajo en el campo, la observación directa de la Naturaleza, el milagro de la vida desarrollándose dramáticamente delante de sus ojos; la aventura de la búsqueda de nidos, de huevos y pichones, la presencia del drama de la cadena de la alimentación, la maravilla de la maternidad múltiple de algunos animales, la fidelidad y el cariño de los perros, la mansedumbre de los caballos. La comprensión de la organización global que subyuga todo, las estaciones, las lluvias, la buena temporada y las sequías, el mirar el cielo, las nubes, la noche y las estrellas.

Antonio Porchia, en sus "Voces", dice:

"Quien conserva su cabeza de niño, conserva su cabeza."

Cuando yo era un adolescente, procuraba encontrar la razón de todas las circunstancias que se me presentaban. Un día comenté con mi madre,

que aparte de la bondad, era la amplitud de criterio y el Sentido Común, que se me ocurría que la complejidad de un fruto, un durazno o una pera, se debía a que con ese ropaje, la carne que rodeaba al carozo o a la semilla, atraía a los pájaros o a algún otro animal que la comerían. Serían luego los encargados de su diseminación, dando así comienzo a un nuevo ciclo de la planta y el fruto. Mi madre me hizo ver que mi teoría podía ser, pero lo más probable es que Dios, o la Providencia, hubiera hecho así ese fruto para que nosotros lo comiéramos y lo gozáramos a su mayor gloria. Vuelvo sobre ANTONIO PORCHIA a quién ya cite: Vivía este poeta en una casita modesta cerca de donde yo vivo, en la calle Malaver de Olivos. Cuenta el también poeta ALBERTO MOLINARI, que no era infrecuente encontrarlo en su jardincito, de rodillas durante largos ratos, contemplando una rosa u otra flor, tratando de descubrir el secreto de su belleza. En un momento escribió:

"Se me abre una puerta, entro y me hallo con cien puertas cerradas."

Con respecto a la importancia de la observación, podemos ver que han dicho estos grandes pensadores:

PIERRE TEILHARD DE CHARDIN, Sarcenat, Francia, (1881-1955):

"Cuanto más uno mira, más uno ve, y cuanto más uno ve, mejor sabe hacia donde mirar."

NAPOLEÓN BONAPARTE, Córcega (1769-1821):

"He amado siempre el análisis. El cómo y el porqué son preguntas tan útiles que jamás se formularán con bastante frecuencia."

RAINER MARÍA RILQUE, Praga, (1875-1926):

"Creo que debería empezar a trabajar ahora que aprendo a ver."

Los Maestros siempre fueron grandes observadores: los maravillosos apuntes de LEONARDO que no dejó tema de la Naturaleza sin investigar y documentar en sus famosos Códices, son una prueba de ello.

Mirando los Árboles

"No olvides Jacarandá / que me quisiste en el cielo / cuando era tu flor el aire / lila de mi pensamiento."

JAIME DÁVALOS

ÁRBOL, ARBRE, ALBERO, TREE, BAUM, En Latín ARBOR

"No es seguro que hayamos inventado una belleza que nos sea propia. Todos nuestros motivos arquitectónicos y musicales, todas nuestras armonías de color y de luz, etc. son tomadas de la Naturaleza. Sin evocar el mar, la montaña, los cielos, la noche, los crepúsculos, qué no podría decirse de la belleza de los árboles."

MAURICIO MAETERLINCK.

La Naturaleza nos enseña que en sus creaciones, siempre existe una forma estructural que sostiene la totalidad del diseño. Esta estructura aún sin su recubrimiento, permite reconocer la forma terminal del organismo. Cuando el gato se ha comido prolijamente un pescado, la columna dorsal de éste, las espinas y la carcasa de la cabeza, reproducen con mucha exactitud las principales características formales y el tamaño del pescado.

En el árbol despojado de su vestido foliar, otoño mediante, el tronco y las ramas aún carentes de hojas reproducen con fidelidad su porte, su tamaño. Ya los ingenieros, quizá sin advertirlo, copiaron la forma de doble "T", forma racional para soportar los esfuerzos de flexión en vigas. Tal las enormes vigas en voladizo que suponen las ramas del gomero de la Recoleta, en las cuales, la materia se ha repartido arriba y debajo de un eje neutro, para soportar mejor el esfuerzo que supone la carga de ramas y hojas.

Y en estos árboles, es también una enseñanza observar las formas de transición, formas que se combinan para hacer que los esfuerzos cambien de dirección y tomen un rumbo más "económico" hacia la tierra, donde está implantada la estructura total de la planta.

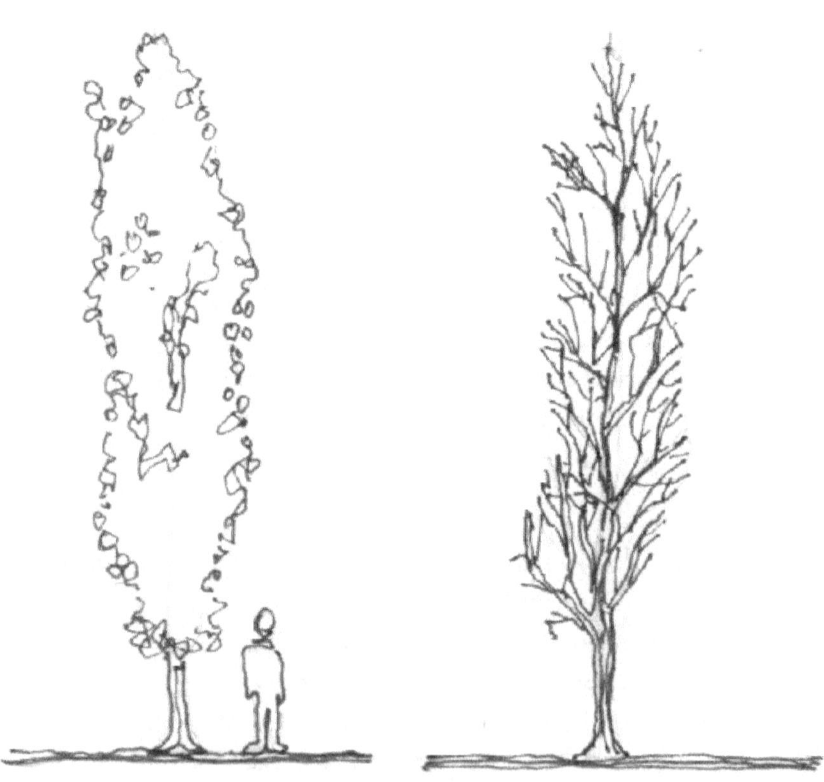

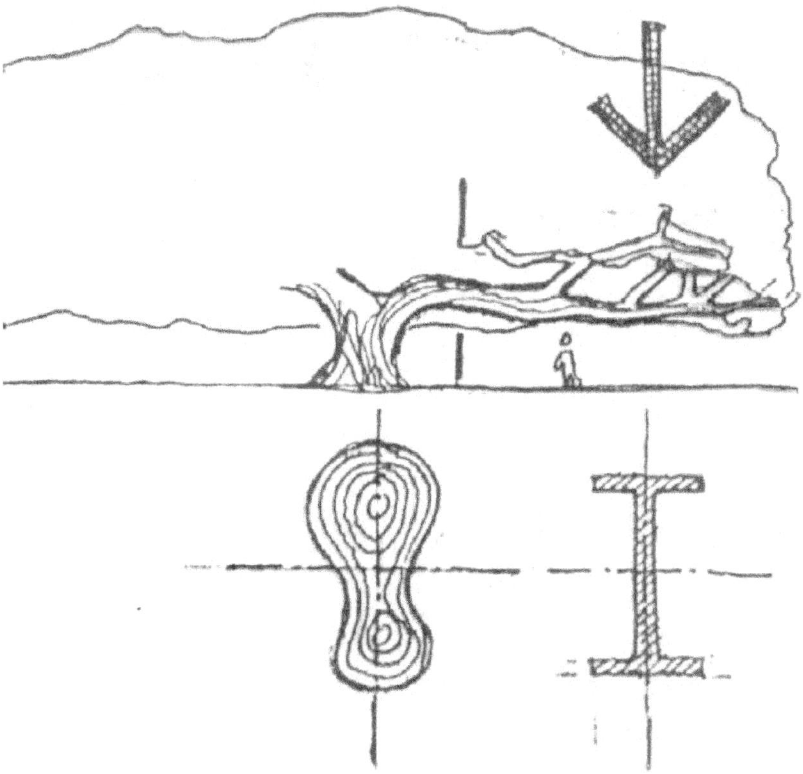

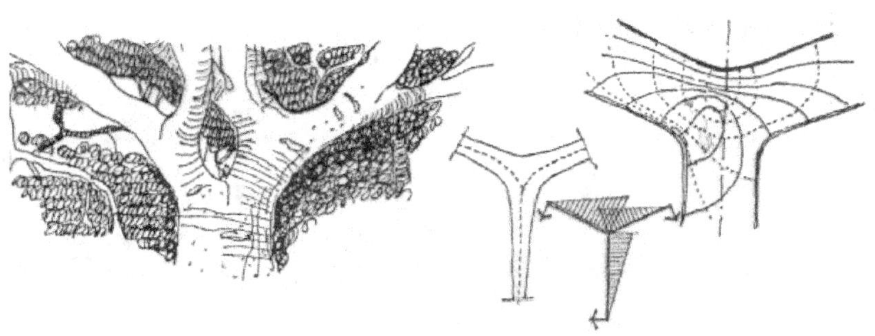

La palmera también es un caso muy interesante: su tronco o estípite, está diseñado para que aguante cargas laterales de cualquier dirección, más que cargas verticales (relativamente pequeñas). Esta característica de viga en voladizo empotrada en el terreno y en posición vertical, determina que la sección de su tronco sea un círculo, con la materia resistente repartida en forma simétrica alrededor de un punto. El perfil del tronco adoptaría aproximadamente la curva de una espiral cuadrática (¿). Una observación banal: la palmera, es un árbol al que le crece el tronco, pero su copa permanece de la misma dimensión con el correr del tiempo.

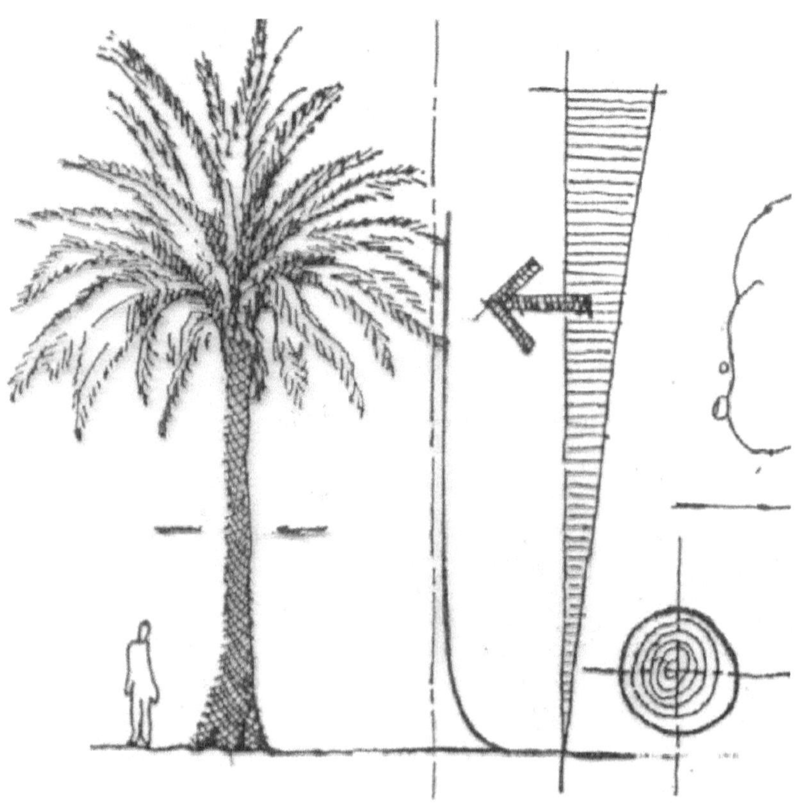

No hay planas torpes, y nos maravilla su poder de adaptación. Cuando recorremos los caminos que unen los cayos de los archipiélagos de Camaguey, en Cuba, observamos los árboles que bordean el camino: son de mediano porte, tienen las ramas y sus hojas dispuestas en forma de planos horizontales, seguramente, para mejor recibir los rayos solares, en esa región donde la latitud es de 22 grados, y el clima totalmente tropical.

En cambio, cuando recorremos caminos de zonas más australes, como nuestra Patagonia, a la vera de los mismos, podemos apreciar un arbusto que los lugareños llaman "jarilla orientada." Este arbusto, tiene la característica de

que sus hojas, forman planos verticales, y que estos planos se disponen en dirección Norte Sur, de manera de presentar, a un sol que recorre el cielo en forma bastante más baja que el caribeño, sus superficies lo más perpendiculares a los rayos, ganando energía.

Los animales se alimentan de otros organismos. No disfrutan del lujo vegetal de autoabastecerse a través de la fotosíntesis, sino que deben enfrentarse al mundo –mendigar, pedir prestado y robar– para llevar a cabo lo que las plantas pueden hacer tranquilamente sentadas.

Los mayores organismos, los dotados de mayor masa y vida más dilatada que jamás existieron, no fueron los dinosaurios, ni las ballenas ni siquiera son animales, son árboles. Las secoyas gigantes, se elevan por encima de los 110 m, y sus troncos alcanzan perímetros de hasta 30 m. Las más antiguas superan los 4 mil años, lo que significa que las que viven actualmente en California, se encontraban allí hace muchísimo tiempo. Un árbol es una

estructura fija y erecta; debe poseer la suficiente astucia mecánica para curvarse a favor del viento sin por ello romperse por su propio peso. Probablemente compiten entre si los árboles de algunos bosques para subir más e interceptar la mayor cantidad de luz para la fotosíntesis; podemos imaginar la evolución como una carrera de armamentos, en la que cada árbol lucha con sus vecinos para ver quién sobresale sobre las copas de los demás y gana el premio; recompensa que supone, para el árbol vencedor, mayor éxito reproductor y transmisión de sus genes a través de sus descendientes, altos también. No todos los árboles participan de esta competencia. Habrá quienes pugnen con su capacidad de desarrollo a la sombra, o sea esperando su oportunidad de crecer en los claros abiertos por el derrumbe de un árbol grande. La física aplicada a la biología del crecimiento de un árbol, nos lleva a concluir que el cociente entre el cuadrado del diámetro y el cubo de la altura, deben ser generalmente constante en los árboles altos.

Recuerdos con Árboles

"De mínimas heridas lastimado / me voy muriendo a ratos tan ligero / que me siento lejano y extranjero / del que ayer fuera alegre y confiado."

Destino, JUAN CARLOS DÁVALOS

No puedo pensar en mi niñez, que es lo mismo que pensar en la felicidad, sin recordar los árboles: para mí son siempre una y la misma cosa.

Hago memoria, tratando de encontrar mis primeras relaciones con el árbol, y de entre los recuerdos surge mi hermano mayor llegando a casa a caballo, desde la chacra –vecina al pueblo– del tío abuelo Avelino que alojaba sus vacaciones veraniegas. Aquella casa donde viví mis primeros años, casa grande en pueblo extendido, tenía en el fondo un robusto paraíso verdinegro, que en la primavera se vestía de celeste, con esas florcitas suavemente perfumadas que las niñas ensartaban en collares. Allí, a la sombra de su copa, la mansa cabalgadura encontraba sombra y agua fresca, liberada de su apero por su orgulloso caballero, transformado a mis ojos en héroe de envidiable aventura.

Aquel paraíso, crecido en el fondo de casa, en un recorte del terreno que se formaba donde dos habitaciones y una galería lo arrinconaban, fuerte y lustroso, por lo que yo recuerdo, junto a la higuera de la casa de la tía, de la que ya hablaré, son los primeros árboles de los que tengo memoria.

En la misma manzana, rodeándola sin bajar de la vereda, estaba la casa de mi tía Ignacia. En la casa de tía, dividiendo el mundo en dos, la cocina se encaballaba sobre el patio delantero, formal, y el posterior, mágico y salvaje. Aquel terreno inculto y selvático era el campo donde una docena o más de gallinas, un gato barcino, pájaros, caracoles y alguna araña se prestaban a mis observaciones naturalistas. Allí estaban la bomba de agua, el gallinero, el cañaveral y muchos árboles. ¿Qué árboles serían? Recuerdo muy bien uno solo; uno en realidad era un arbolito pequeño, un granado.

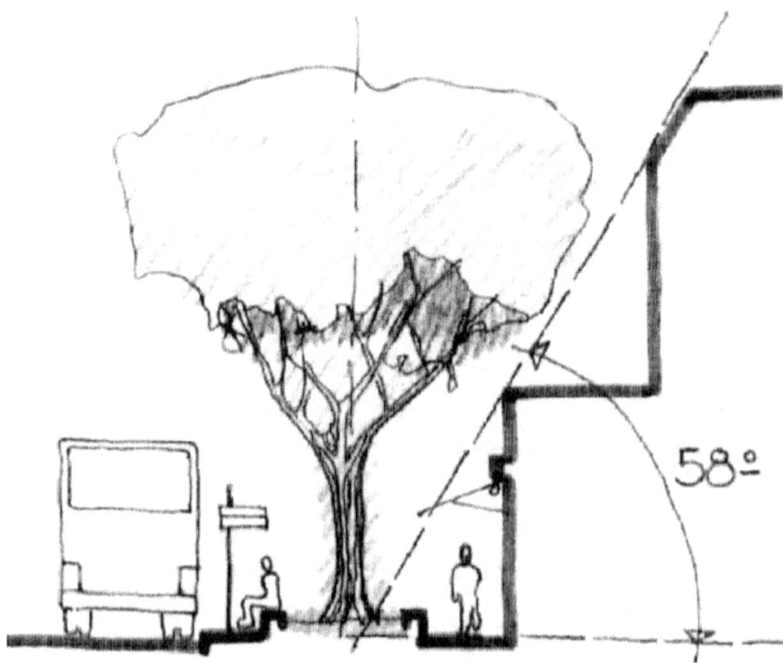

El otro era mi Árbol, El Árbol, mi camarada. Me gustaría saber de su destino, si después de medio siglo se habrá convertido en una higuera señera, o si habrá tenido una buena y digna muerte. Ya dije que era una higuera. Debía ser árbol joven, puesto que sus ramas bajas permitían que el niño que yo era se trepara. Ya en sus ramas, mis fantasías no eran de caravanas de camellos ni de luchas en montañas fabulosas. Me sentía piloto. Piloto de una aeronave ronroneante, que imitaba con mi voz, aeronave parecida a aquellos pocos aviones que veía pasar de tanto en tanto sobre el cielo de mi pueblo.

Más adelante, ya joven estudiante secundario, fui privilegiado actor de vacaciones gozadas en un monte de explotación de acacios, en Girondo,

una localidad del centro de la Provincia de Buenos Aires. Allí pude ver de cerca como se trabajaba esa madera y la del paraíso, pues desde la casa que nos alojaba, hasta los muebles, y aún la carrocería de una antigua camioneta eran de madera, todas producto del ingenio y de elementales tecnologías desarrolladas por el propietario de ese obraje, don José Liboreiro. Tiempos de Escuela Industrial y de vivir en Floresta, una Floresta que todavía tenía la calle Rivadavia con rambla y pasto en el medio, por donde corría el tranvía Imperial de dos pisos.(¡). Floresta con muchos baldíos y quintas, y otro reducto fabuloso poblado de árboles y plantas: El Parque Avellaneda. Esos árboles soportaron las hazañas de trepadas y balanceos tarzanescos, míos y de mis amigos. Árboles, árboles, sin saber a que especie pertenecían, sin discriminación por familias o grupos.

Y siempre las lecturas y los encuentros providenciales. Volver a estar con ellos, acercarme un poco más a ellos, fue posible por las descripciones y ensayos que publicaba "La Nación" en sus hojas de rotograbado, escritos por Victoria Ocampo. Ella me hizo visitar y conocer sus admirados Gingkos de Palermo. Y es sabido que despierto el interés por algo, ese algo permanece y aflora en cuanta oportunidad se presenta. Los parques, las plazas, el campo sobre todo, fueron desde entonces motivo de observación y admiración. Más lecturas y más encuentros: ya en la vida adulta, un seminario con la Arqta. Marengo de Tapia, el estudio de los trabajos de Burle Marx y de Pradial Gutiérrez, los escritos sobre los jardines Zen de Osvaldo Svanacini, etc. Pero fue sin duda la oportunidad de conocer al Ing. Jorge Plante lo que me significó la clarificación de muchos conceptos hasta ese momento borrosos, porque su vasta cultura no se hizo sentir en un juego de sapiencia específica o libresca, sino que se tradujo en un hacer sabio y meditado, y sobre todo, pleno de sentido del humor. Jorge Plante me señaló el *acer palmatum*, sobre la entrada de la calle Malabia, del Jardín Botánico.

Muchos de mis recuerdos de personas y de cosas están ligados a los árboles: Carlos Casuscelli, en Coral Gables me hizo ver los fantásticos *Banya trees*, árboles con múltiples troncos que arman una gran parte de las calles y avenidas de la Península de la Florida. La ciudad de Corrientes, en Octubre, es una sucesión de enormes globos rosados, los *lapachos* en flor que adornan sus calles. En fin, Buenos Aires es una maravilla de palos borrachos, tarcos y tilos que cuando florecen transforman en un cuadro de formas y colores sus plazas y avenidas. Ni que decir de las tipas, y las hojas doradas de los fresnos... Y quién sabe a que iluminado funcionario de la Municipalidad de Vicente López se le ocurrió alinear Ghingkos Bilobas en algunos tramos de veredas de la calle Irigoyen, en Florida, que en otoño doran su copa y sus veredas.

Un monumento vivo: con mi amigo, el Arquitecto Jorge De Tommaso hablamos siempre de árboles; (también de nietos); es un interés y un estado de ánimo que nos acerca entre otros intereses y gustos. Y en nuestras andanzas mirando y admirando árboles, creemos haber reconocido aquel que es el árbol decano, el más viejo del Partido de Vicente López. Está muy cerca de la Municipalidad, en Entre Ríos y José Manuel de Estrada.

Cada vez que ando por allí lo voy a visitar, como se visita a un amigo querido: sin ningún fin particular, para ver sólo cómo anda, cómo lo trata la vida. Cuando me acerco, no puedo sustraerme al recuerdo de aquel decir de Jaime Dávalos:

> *"Te llamaban EL ÁRBOL, como quien nombre todos*
> *los árboles nombrando tu silvestre materia*
> *que nadie fue más árbol que tu nunca en el monte,*
> *porque donde tu creces es donde el sol más pesa*
> *y gozando del fresco relente de tu sombra*
> *nos mojas hasta el alma con tu rumor de acequia."*

Sabiendo que estoy haciendo trampas, porque Dávalos escribió esto de un algarrobo, y yo voy a visitar a un Timbó.

El Timbó más grande y desarrollado que nunca haya visto, si bien es cierto que mi condición de ciudadano nacido en la pampa húmeda, no me ha puesto frecuentemente en sitios donde él viva comúnmente.

Enterolobiun contortisiliquum es su nombre científico, pero a mi me suena mejor su nombre "artístico": Oreja de negro, o Timbó, o Timbó colorado, más eufónico, y también Pacará.

Por su tamaño y desarrollo, debe tener muchos años: yo me atrevería a decir que fue testigo de los movimientos revolucionarios y aún otros más atrás. Sus frutos son vainas chatas, arriñonadas, algo carnosas, que cuando están maduras, son muy oscuras, y se parecen a una oreja, de allí una de sus denominaciones. Son muy livianos y flotan bien, lo que ha facilitado su diseminación a lo largo de los grandes ríos. Estos frutos alojan en su interior numerosas semillas ovaladas, de alrededor de 1cm de largo. Me gusta pensar que su semilla primordial vino flotando por el Paraná desde Brasil, su tierra, encerrada en una "oreja", y que alguna tarde cuando el río se remansaba lento, encalló un poco más abajo de la Quinta de los Olivos, la quinta que describe José Mármol en su novela "Amalia", como me alertó el Sr. Diego Vea Murguía, historiador muy conocedor de la zona. En este libro, su Capítulo XIII, titulado "La casa sola", comienza así:

> *"Siguiendo el camino del bajo, que conduce de Buenos Aires a San Isidro, se encuentra como a tres leguas de la ciudad, el paraje llamado Los Olivos, y también cuarenta o cincuenta árboles de ese nombre, resto del antiguo bosque que dio el suyo a ese lugar, en donde más de una vez acamparon en los años 1819 y 1820, los ejércitos de mil a dos mil hombres que venían a echar a los gobiernos, para, al otro día, ser echados a su vez los que ellos colocaban."*

De allí a poco, su cuerpo juvenil comenzó a estirarse, y sus ramas atisbaron el Río inmenso por entre los juncales, por donde a veces goletas y carabelas subían y bajaban, asustando a las bandadas de loros y patos silvestres que remontaban ruidosamente. Algún tiempo después lo acompañaron en la aventura de crecer, algunas palmeras y palos borrachos que todavía son sus compañeros vecinos.

Hincó sus raíces en tierras que todavía temblaban con las correrías de los indios. Caballeros sedientos, detuvieron sus cabalgaduras bajo su sombra, y también niñas de capelina y volados, un tiempo después, entre risas y promesas románticas, camino del paseo litoral.

La estancia de aquel teniente de Garay se fraccionó, los vecinos comenzaron a menudear, llegó el asfalto y el río estuvo cada vez más lejos. Primero fueron cercos bajos, más tarde algunas casas aisladas y luego más altas, que ya no dejaron ver a la distancia. Hoy es un árbol viejo, aunque la vejez de los árboles se mide por centurias. ¿300 años tal vez?, ¿200?

¡Qué privilegio, el de quienes tienen en su jardín el árbol más viejo del Partido de Vicente López! Alguna vez fui allí en mi visita periódica acompañado por el arquitecto EDUARDO SACRISTE y él al verlo dijo:

"Si fuéramos un pueblo sensible, educado y con sentido social, deberíamos exigir al Municipio un certificado de supervivencia para este ser, y quizá el propietario del terreno donde se asienta, cediera un pedacito para hacer en ella una placita que le asegure una vejez sin sobresaltos."

Un homenaje miserable: me acerco con curiosidad a visitar otro pacará famoso: El "Pacará de Segurola." En el cruce de las calles Puán y Baldomero Fernández Moreno, que antes se llamaba Monte, en la Capital Federal, Barrio de Parque Chacabuco, a dos cuadras de él, a dos cuadras de la Facultad de Filosofía y Letras de la UBA. SATURNINO SEGUROLA, era un cura médico que vacunaba bajo este árbol, que así devino famoso.

¡Qué mísero homenaje, qué tristeza! Rodeado de una reja, en una plazoleta que es más un servicio sanitario para perros, con dos soportes para placas de homenaje (una desaparecida), está este arbolito, pacaracito de juguete que por supuesto no es el primitivo. La placa que quedó nos aclara:

Partido de Salud Pública

Su fundador Dr. Genaro Giacobini.

Deán Dr. Saturnino Segurola

En homenaje a su obra humanitaria

En los años 1806 a 1830

Aplicando vacuna antivariólica

En este vecindario a la sombra de

este PACARÁ HISTÓRICO

16 de Octubre de 1932

EL ÁRBOL EN LA LITERATURA:

"Los árboles no duermen propiamente, se adormecen, sobre todo en invierno, cuando las estrellas se deslizan por sus ramas peladas como frías gotas de rocío.

...el árbol crecía tanto por arriba como por debajo. Por debajo es un árbol húmedo de ramas largas y húmedas ramas nacaradas que penetraban en la tibia noche de la tierra.

...quizá porque la tierra que palpitaba debajo de él le enviaba toda clase de señales, era un fresco cuerpo lleno de vida que respiraba dulcemente bajo las hojas y el pasto y sostenía cuanto hay en este mundo... El árbol se llenaba de tantas preguntas como pajaritos a la tardecita."

De "La balada del álamo carolina", de HAROLDO CONTI.

La Tipa de Mitre

Gracia de mecer

tu mecido

árbol bien plantado,

por estar ahí, agradecido

A tu lado
el blanco mármol de Edoardo Rubino
resguarda lo que haces,
follaje florecido

Que bien meces
ya crecido, y por mecer con gracia,
soplado, tu follaje ya no es tuyo
sino mío

Que el final de tu mecer sea,
igual al mío
solo color a tus pies,
de bien nacido.

JOSÉ MARÍA LEGASPI, agosto de 1990.

Canto al Río Bermejo

"Subirás a la caña y a los cedros,
al urundel y al viraró forzudos,
por el aroma de los arrayanes y el palosanto que perfuma el humo.
Los cebiles, la mora y el quebracho,
tienen parado en su corazón duro
tus crecientes de barro torrentoso, que emborracha de música al coyuyo.
La tipa te hace sombra titilante;
la quina, primavera entre los músculos
donde la carne se volvió madera
para que subas a la luz desnudo."

JAIME DÁVALOS.

Diálogo del Árbol y el Hombre

"La Naturaleza no se deja dominar sino por quien a ella se somete." "Natura nonnisi parando vincitur."

Francis Bacon, hace casi 400 años.

Nací hace mucho tiempo, al principio, en tiempo anterior a "cualquier otro", después que mis abuelas perdidas en el tiempo –las algas primordiales– comenzarán a mecerse al borde de los mares de aguas azufradas, en medio de horrísonos cataclismos geológicos.

Las algas se inventaron ellas mismas, como un grupo de plantas, y evolucionaron en una cierta dirección, pero también siguieron viviendo, como otro grupo con su estructura primitiva y con su dirección original. Y ahora ocurre algo sorprendente: el Hombre hoy encuentra que ellas pueden ser el reservorio de alimentos y de materia energética más importante cuando la comida escasee. ¡Y como no va a ser así, si son precisamente la despensa, el depósito de esa energía!

Mi antigua memoria de árbol se pierde muy atrás, cuando con agua y aire empezamos a crecer. A pesar de mi inmovilidad –o quizá por ella– siempre miré hacia arriba, y comencé a darme cuenta que pertenecemos a un universo que se repite y que si funciona bien, el alimento, el oxígeno, el bióxido de carbono y el agua se consumen y se forman de nuevo, una y otra vez, y pueden durar para siempre.

> *Tanto nuestro **crear** como el **creare** de los latinos y el **créer** de los franceses, se derivan de un radical del idioma sánscrito, el radical **kri**, que es el mismo que entra en **crecer**, cuyos dos verbos, **crecer** y **crear** son etimológicamente sinónimos. Parece que la vida, al salir del caos, hace cierto rumor, y que este ruido está expresado por el radical **kry**, como en criatura. Esta preciosa etimología, preciosa por lo muy poética, es una gala verdaderamente admirable de la fecunda imaginación oriental. Parece que el cri, que entra en **criatura** es un grito de la existencia.*

Esta voluntad que hace posible todas las manifestaciones de la vida –esta energía– dependen del sol. Y nosotras las plantas, gracias a ese poder de transformación, la fotosíntesis, somos las que determinamos ese proceso vital.

Recuerdo que algunos de los nuestros perdieron la aptitud para la fotosíntesis: ¡no más clorofila, no más autonomía alimentaria! Y para alimentarse y para reproducirse sintieron necesidad de moverse. Nos dimos cuenta, las plantas, que habíamos inventado a los animales.

Al principio mi hermano molusco se contentaba con filtrar agua pasivamente para comer, pero la necesidad de cazar piezas móviles, lo obligó a usar la inventiva: en pocas palabras, debió innovar para obtener sustento y para encontrarse con su compañero. Mis hermanos evolucionaron: su sangre aún tiene la sal de las aguas del mar, y se volvió roja. En realidad, si pudo librarse del mundo marino, fue porque desde aquel momento lo llevó dentro de él, y así afrontó otras condiciones de vida. Esto ocurrió hace unos 400 millones de años.

Empédocles dice que:

> *"los árboles fueron los primeros seres vivientes que surgieron de la tierra, antes de que el sol se expandiera y se distinguieran el día de la noche: gracias a la simetría de su mezcla de fuego y agua, contienen la proporción del macho y de la hembra; crecen elevándose debido al calor que hay en la tierra, de modo que forman parte de la tierra como los embriones forman parte del útero. Los frutos son excreciones del agua y el fuego en las plantas."*

Siguió pasando el tiempo, y un día, por primera vez, lo ví: era un Hombre, el más desarrollado de mis hermanos, y venía fatigado; se sentó en el suelo, se secó la frente con la manga de la camisa, apoyó su espalda en mi tronco, sentí su latido y su tibieza.

> *"Al rato el hombre se durmió y soñó que era un árbol."*

Haroldo Conti

Contestó el Hombre: a los hombres, por ese antiguo origen vegetal, nos quedó una cierta nostalgia, alguna cosa, alguna parte de nosotros, aunque sea un puñado de las mismas moléculas dispuestas de otra manera, que nos convoca a ese contacto con la tierra que es la que garantiza el logro de pequeñas cosas que hacen la felicidad.

¿Cómo explicar si no el jubiloso goce de nuestros sentidos al percibir el aroma de la tierra (*) después de la lluvia, al sentir el olor del pasto cortado, al percibir la variedad de formas y colores de los árboles iluminados por el sol, o batidos por la furia de una lluvia intensa, al sentir la lisura o la rugosidad de sus cortezas cuando pasamos la mano sobre sus troncos?

No hemos perdido toda nuestra sensibilidad, sólo debemos volver a repensar nuestra posición. El árbol no está porque sí, está porque es parte de nosotros mismos, en una comunidad de siglos o de milenios, cósmica, geológica.

(*) El aroma de la tierra mojada, se debe a un microorganismo llamado **Actinomiasis**.

Esta secreta nostalgia, nos impulsa a veces a echarnos debajo de nuestro hermano, a su sombra, a sentir la tierra debajo nuestro, a mirar las nubes y las estrellas. A sentir nuevamente el olor y el sabor de la tierra, el perfume de nuestros campos, a afianzar la antigua alianza del hombre con su entorno, de la que como suicidas a veces tratamos de apartarnos.

Dice el árbol hoy: ¿quién sabe qué le pasó al Hombre? Ya no sentía como en aquel sueño, que sus raíces se hundían en la tierra, que sus ramas se elevaban hacia el cielo, para que los pájaros anidasen allí.

Fue perdiendo la memoria paulatinamente. Su necesidad de sobrevivir a costa de lo que lo rodeaba –no su inteligencia ni su sensibilidad– impuso a aquella tierra, que siempre había sido su generoso sostén, una semilla que la empobrecería, y un animal doméstico que con su pezuña destruyó el pasto duro, primordial y protector.

Su necesidad de calor, la posesión del hacha, que convertida más tarde en motosierra sería apocalíptica, completaría esa pérdida del sentido de su origen y volviéndose atrás en una actitud autodestructiva, atacaría a sus hermanos.

Mientas su aldea se fue convirtiendo en pueblo, a medida que más hombres se reunían, nos llevó con él, y en sus generosos patios y fondos de su casa, crecimos dándole sombra y frutos. Sus calles eran amplias, sus veredas generosas, por donde corría el aire y el sol llegaba para todos. Sus vehículos, tirados por caballos, o el caballo mismo, acompasaban su trote a las delicias de la vida sosegada y tranquila.

La huerta, el jardín, la pérgola florida, la vereda arbolada donde se alineaban mis hermanos plátanos y jacarandaes, naranjos y jazmines embalsamaban el aire con su aroma. Somos oriundos de estos pagos, talas y espinillos, aromito y caldén. No estámos seguros si el ombú también (*), pero algunos

---

(*) Según algunos autores, el Ombú (Phitolacca Dioicca) es árbol típico de la Argentina. Para ciertos botánicos, es una hierba gigante más que un árbol. Su nombre viene del guaraní Imbou, "que trae la lluvia." En España se lo llama "bellasombra."

hombres trajeron semillas de otros países lejanos, de la India y de Japón, de Australia, y nuestros parientes se fueron acriollando y sacaron carta de ciudadanía. Eucaliptus fue quién mejor se adaptó, pero también se acriollaron el naranjo y el castaño, el gingko y la acacia.

Mientras los hombres no fueron muchos, convivimos apaciblemente: ellos nos trajeron cerca de sus casas, nos regaron cuando la sed del verano y la ausencia de lluvias nos atormentaron:

Agua le di a un garabato
que se estaba por secar
y me ha pagado con flores
que alegran mi soledad.

ATAHUALPA YUPANQUI.

Nosotros retribuimos brindándole nuestra sombra, la refrescante evaporación de nuestras hojas, el amable rincón bajo nuestra copa propicio a la conversación y al mate, el maravilloso mundo de nuestras ramas para las aventuras de los niños, las flores, los trinos de los pájaros, los aromas.

Pero en la vida todo va cambiando, y en este caso para nosotros –y estamos convencidos también para nuestros hermanos hombres– no para bien precisamente. Algunos de ellos –ellos pueden caminar– no volvieron más al campo. Se encerraron en su casa con sus papeles y sus libros (que dicho sea de paso son nuestra piel y nuestra pulpa) y sus números, y en su abstracción empezaron a olvidarse de nuestro parentesco, de nuestra hermandad.

Los poetas celebran el ombú, tal el caso de RAFAEL OBLIGADO en su "Santos Vega" de 1885.

También PABLO NERUDA en un fragmento de "Canto General" dice:

"En las llanuras
como láminas del planeta
bajo un fresco pueblo de estrellas,
rey de la hierba, el ombú detenía

El árbol y nuestros indios: en los relatos literarios que nos tocan más de cerca, uno muy interesante es sin dudas el que hace DARWIN del llamado árbol sagrado o árbol del gualicho, árbol que encuentra en su marcha entre Patagones y Río Colorado en su excursión de 1833. Posiblemente se trataba de un caldén de 150 a 180 años de edad, con un tronco de 3 pies (casi 1 metro) de diámetro.

"Como era invierno el árbol no tenía hojas, pero en su reemplazo noté numerosos hilos o trenzas, de las cuales, diferentes presentes, tales como cigarros, pan, carne, tejidos, etc. habían sido suspendidos...

"...Los indios más ricos, tienen la costumbre de volcar licores o mate en un pozo como también fumar al aire: para ellos la mejor ofrenda a Walleechu."

También describe ese mismo árbol, el escocés Cunninghame Graham:

"Allí se alza completamente solo. En muchas leguas a la redonda... los pastos quemados por el sol y chamuscados por las heladas. Algunos lo suponen un altar para gualicho, el espíritu maligno..."

"...Era seguro que no hubiese araucano, pampa, pehuenche o ranquel, que pasase junto al árbol del gualicho sin dejar su ofrenda. Daba así testimonio de la fe que tenían en su poder, su majestad y su grandeza..."

"...Era considerado un objeto de veneración y de terror a la vez, del que no convenía hablar en vano, excepto estando borracho, o cuando, por hallarse reunidos diez o doce, mostrar miedo era indigno de un hombre..."

"...En consecuencia, flameaba al viento como una suerte de eterno árbol de Navidad, adornado con cabestros rotos, estribos, latas viejas, pedazos de ponchos raídos, boleadoras, puntas de lanzas y cueros de animales, puestos por los adoradores..."

"...En torno del árbol solitario, sacudido por el viento con sus extraños frutos, acamparon muchas bandas de indios con sus lanzas de 20 pies (6 metros) clavadas en la tierra... vertiendo sobre la tierra como una libación... golpeando un tambor de cuero, hasta que caían en el trance en que los visitaba gualicho..."

Ingeniería Biológica

GALILEO sugirió que un árbol podría llegar hasta Duccento braccie alta, algo así como 300 pies, o sea aproximadamente 100 metros. Estuvo bastante cerca.

El diámetro de un cuerpo homogéneo alto, debe crecer como la potencia 2/3 de su altura.

Las raíces se desarrollan según los vientos dominantes, siguiendo las teorías de la resistencia homogénea. También los troncos tratan de adoptar perfiles de espirales logarítmicas, por la misma razón, es la forma patrón de ciertos faros o es la forma estricta de la torre Eiffel. (Temas fácilmente ilustrables a través de gráficos de momentos de vigas empotradas).

Ver: "El crecimiento de las plantas" G. E. FOGG.

Las plantas crecen y se multiplican sin salir a buscar y devorar su alimento, y sin que se apareen en forma activa y visible. Esta definición la hizo ARISTÓTELES hace 2.000 años y sigue siendo aceptable en general.

El crecimiento en altura de los árboles, también en términos generales, puede considerarse como que en los primeros tiempos se inicia con cierta lentitud; aumenta hasta un máximo y luego se reduce nuevamente. A veces crecen en forma imperceptible, pero hay variedades de plantas, que lo hacen muy rápidamente, como el girasol o el maíz o algunos bambúes. En algunos de éstos se han registrado incrementos de hasta ¡41 cm! por día. Estas características de crecimiento, son rasgos comunes para árboles que pueden vivir mucho tiempo o para hierbas que sólo duran algunas semanas.

Se han estudiado algunas formas de protección de viviendas muy elementales, en general viviendas provisorias en zonas cálidas, cuyas paredes exteriores y techos, están constituidos por una chapa de palastro o acero zincado ondulado. Para proteger esas paredes y techados de los rayos directos del sol, se les coloca, a unos 15 cm de separación, una malla de alambre de acero electrosoldada, que sirve de apoyo a una planta trepadora o "espaldera" de crecimiento muy rápido. Estas plantas son en general plantas de hojas bastante grandes, por ejemplo la clásica campanilla celeste (Hipomea) que sombreará la chapa, y actuando como un parasol, no permitirá que aumente la temperatura del paramento.

La aparición y crecimiento de una planta, es un fenómeno en la cual la maravilla mecánica de la Naturaleza sufre transformaciones. En principio, la semilla contiene material nutricio almacenado, y si bien parte de él se transforma para convertirse en la sustancia viva de la planta, parte se emplea en el proceso de respiración, que acompaña al de transformación para el cual suministra la energía necesaria.

En los años 1700 se empezó a pensar que *"las plantas probablemente obtienen del aire, a través de sus hojas, parte de su nutrimiento"*, y casi se puso el dedo en el factor esencial de este proceso cuando sugirieron: ¿no contribuirá también la luz, al penetrar libremente por las superficies expandidas de las hojas y flores, en gran parte a ennoblecer los principios activos de los vegetales? 50 años después se sugirió que las plantas producen oxígeno a partir del anhídrido carbónico y que sólo tenía lugar en las partes verdes de las plantas. Fue la primera descripción de la **Fotosíntesis**.

Los vegetales crecen incorporando y transformando sustancias muy diferentes de la propia. Las cosas inertes, como los cristales, también son capaces de "crecer" pero agregando sustancias químicamente similares a las propias, proceso que se llama acreción. En cambio, en un vegetal, la transformación es química, donde moléculas simples se convierten en complejas, que componen la estructura de las plantas; estas transformaciones son diversas y complejas.

El crecimiento de una planta se parece al incremento de una suma de dinero colocada a interés compuesto.

Una descripción de crecimiento basada sólo en términos de altura, no incluye cosas de suma importancia. No tiene en cuenta los cambios de forma y de proporciones del tallo, de la hoja y de la raíz, la forma de las hojas, la producción de tubérculos y otros órganos de almacenamiento, de las flores y frutos.

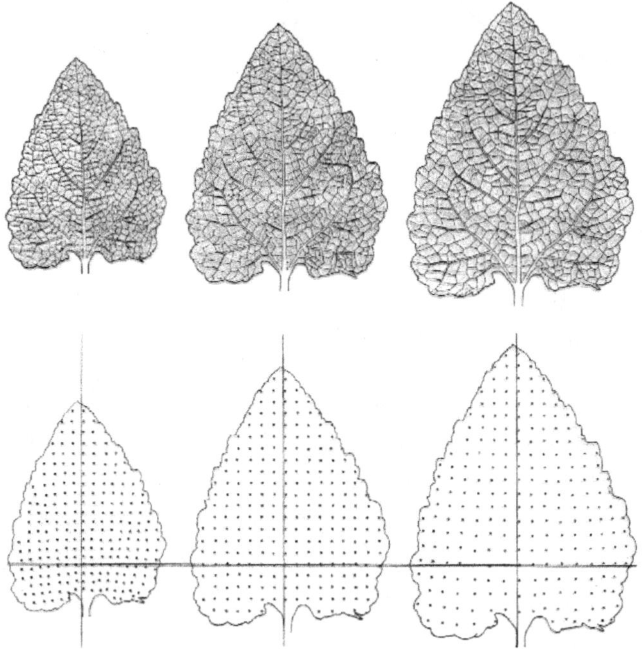

Al igual que la llama o la estela de una embarcación, la forma de un vegetal va cambiando con lentitud aunque sus componentes fluyan sin solución de continuidad. Ello posibilita el análisis de sus movimientos en términos de flujo. Aquí podemos ver el crecimiento foliar representado en dibujos basados en fotografías de una hoja de **Xantium** tomada en tres días sucesivos. En los dibujos de la parte inferior se representan un conjunto de puntos identificados por inspección de las fotografías. El cambio de relación, o de "proporción" durante 3 días muestra que el crecimiento más rápido se sitúa cerca de la base de la hoja. La configuración de una hoja está predeterminada.

Todas las plantas, a excepción de algunas algas y hongos, están constituidos por células, y ésto es muy importante (y a pesar de las representaciones casi siempre planas de los libros) son tridimensionales, más o menos poliédricas.

ALGUNOS INTERROGANTES Y ALGUNAS RESPUESTAS: cuando la raíz crece: ¿cómo hace para penetrar en la tierra?: La punta de la raíz, o casquete, o ápice, produce células que se desgastan a la misma velocidad con que se forman. Estas células se van descomponiendo, tornándose mucilaginosas, y forman un verdadero lubricante que permite que la raíz penetre. Las que "empujan", son células que crecen inmediatamente detrás de éstas y que más tarde aumentarán su volumen y se irán transformando en un tejido más denso y estable, al crecer el espesor de las paredes. Algunas células se van especializando (podríamos pensar que en romper veredas (¿)), por ejemplo las que están en los bordes se transformarán en pelos para absorber la humedad.

El tronco crecerá de un modo similar a la raíz. La punta o el extremo producirá células solo en la parte inferior, y de tanto en tanto las que surjan a cierta distancia del extremo se convertirán en ramas y hojas.
Las distancias a que se disponen las ramas intermedias y las menores, hasta alcanzar la ubicación de las hojas, es resultado de variados factores; sin duda el factor mecánico de resistencia es fundamental; el tronco y las ramas, a

medida que van hacia arriba, o hacia los extremos, se adelgazan pues naturalmente van descargando sus esfuerzos. Las hojas se disponen en forma tal
que su exposición a la luz solar sea lo más homogénea posible. MATILA GHIKA
da precisiones en cuanto a longitudes de ramitas y pecíolo, que tienen que
ver con relaciones matemáticas, relaciones armónicas áureas, de series de
FIBONACCI, etc. Lo cierto es que todas estas teorías, muy seductoras y que uno
desearía verificar, no son tan fácilmente comprobables. Lo que si se puede
adivinar es que el árbol en su totalidad es una magnífica máquina dotada de
innumerables posibilidades de adaptación a solicitudes exteriores cambian-
tes, que la convierten en un aparato de elevadísimo rendimiento.
Es cierto también que el árbol, a través de sus mecanismos de crecimiento
elevadamente equilibrados, mantiene condiciones estáticas permanentes.
En condiciones de normalidad, un retoño se convertirá en arbolito y más
tarde en un árbol adulto, manteniendo un aspecto de equilibrio y proporciones dependientes de su género y familia.

CABEN HACERSE AQUÍ OTRAS PREGUNTAS: es sabido que la Naturaleza aparentemente dilapida energías en muchas de sus acciones. Por ejemplo: ¿para
qué crea un árbol como el Olmo, de tan denso follaje, si las hojas de su interior y las de su parte baja jamás recibirán sol y escasamente luz? Como en
el caso que antes conté, de por qué los frutos se revestían de pulpa y carne,
para que gocemos de ese alimento, en el caso del olmo, la sombra que nos
ofrece es una de las más reparadoras y refrescantes. Una muestra más de
que somos parte de una totalidad, y que no deben buscarse relaciones par-
ciales entre las cosas, sino abarcadoras.

En los grupos a los que pertenecen los árboles más altos –las coníferas– el
aumento del diámetro se logra por medio de un sistema celular que dentro
del tallo (y también de la raíz) adopta la forma de una lámina cilíndrica continua de células que se dividen. Estas células dan células "hijas" tanto al
interior como al exterior de la lámina. Las que se forman hacia adentro
serán principalmente las encargadas del transporte del agua y del sostén

mecánico, y se las conocerá como el tronco leñoso. Constituirán parte de la corteza. El leño se forma, en los climas templados, en capas netas que aparecen como anillos concéntricos donde cada anillo representa, por lo común, el crecimiento de un año. Y en éstos anillos se puede ver si el año fue lluvioso o seco, si el árbol sufrió por falta de humedad o creció con holgura, si los vientos lo azotaron permanentemente desde un mismo cuadrante. Si así fue, estos anillos se mostrarán excéntricos, más apretados hacia el lado de sotavento –hacia el lado donde tendió a inclinarse el árbol–. Lo mismo ocurrirá a nivel del arranque de las ramas; cuando el círculo virtual del tronco comenzará a deformarse tendiendo a dibujos lobulares, y allí también los anillos se harán excéntricos. Para quienes conozcan el vocabulario y los diagramas que se utilizan en resistencia de materiales, es fácil comprender que la Naturaleza está colocando el "eje neutro" en el origen de estos círculos; en su centro, y que a medida que crezcan los esfuerzos permanentes sobre algunos de los bordes, ella tratará de aumentar su "brazo de palanca" alejando las fibras a fin de aumentar el momento de inercia de la sección y con ella la resistencia de la pieza.

Hay en estos anillos radiales, una similitud en cuanto al registro o historia de la vida del árbol con las líneas de crecimiento de las conchas de algunos moluscos. En éstos el cambio de coloración de las distintas bandas indicaría los cambios de temperatura de las aguas donde vivió el animalito. Y hay aún otra similitud de registro de historias: El fondo de los lagos, presenta mantos o capas, en las cuales también es posible leer cambios climáticos, catástrofes naturales, erupciones volcánicas, etc. La materia que estudia tan interesante disciplina se llama Limnología (del latín Limus, lodo o légamo).

Diferencia: en el hombre, el crecimiento se concentra en la fase embrionaria y deviene en un individuo maduro, cuya tamaño y número de células permanece constante durante buena porción de su vida. Por el contrario los árboles, (no todos) retienen tejidos de crecimiento durante toda su vida: nunca es maduro en el sentido de lograr un tamaño definitivo en el que pueda sobrevivir durante un período relativamente largo sin crecer.

Misterio: uno de tantos, que hace fantástico, el estudio de los procesos naturales: ¿cómo se organiza la estructura de una planta durante su crecimiento? Al principio la planta es una única célula indiferenciada –casi esférica– contenida en el óvulo de una flor de su madre. Como primer paso se debe establecer una polaridad arriba-abajo, es decir, se determina al brotar un vástago más o menos lineal, qué extremo será la raíz y cuál el, tronco. A partir de este eje, cómo se establecerán los crecimientos laterales, ramas, hojas, y qué formas adquirirán esas partes. Todavía se sabe poco de todo ésto.

En cada una de estas partes, y para cumplir su función, estas células, originadas en aquella única inicial, se van especializando. Por ejemplo, en las que crecerán en el tronco hacia adentro formando leño o hacia fuera, corteza; en el extremo de la raíz, en hojas, etc. Sin embargo, mediante técnicas de cultivo se ha logrado regenerar plantas enteras a partir de células especializadas aisladas, demostrando que a pesar de haberse diferenciado, estas células conservan toda su "memoria", la de la planta total, en los cromosomas de cada una de sus células. (¡)

Forma: la forma característica de una especie, se logra por el crecimiento mayor en cierta dirección (¿)

Los árboles, esos vegetales leñosos que nos resultan tan familiares por su abundancia en la Naturaleza, constituyen una parte muy importante del llamado reino vegetal, con el que el ser humano mantiene una serie de relaciones en los más variados planos de la actividad material e intelectual y cuyo carácter vital para su subsistencia no siempre es claramente comprendido y asumido en la conducta cotidiana. El sentido de estas notas es referirnos sucintamente a algunos aspectos de esa relación entre el Hombre y lo vegetal, y llamar la atención sobre la destructiva agresividad con que retribuimos los beneficios obtenidos.

Recurso: los árboles y los bosques son uno de los recursos naturales más importantes de la tierra. Nos proveen de materiales como el corcho y la madera, materias primas para diferentes procesos industriales y para la elaboración de productos como el papel, alcohol, seda artificial, etc.

Desde el punto de vista ecológico, además de contribuir al mantenimiento de un adecuado nivel de agua en el suelo donde están enraizados y en el ambiente que los rodea, sirven como alimento a muchos consumidores primarios. Proporcionan cobijo a diferentes formas de vida silvestre, aminoran la acción del viento sobre cultivos y poblados y finalmente sirven como nicho ecológico a muchísimas especies animales y vegetales, (insectos, pájaros, reptiles, líquenes, etc.). Pero es la fotosíntesis la función en que los vegetales son insustituibles, y los árboles realizan una parte muy considerable de toda la fotosíntesis producida sobre el planeta.

¡Muy importante! Vale la pena advertir que sin las plantas verdes no comeríamos ni respiraríamos. De todos los alimentos que consumimos, los que no son vegetales, son animales, y si no son herbívoros, son predadores de otras especies herbívoras. También las bebidas, drogas y medicinas consumidas por el Hombre reconocen un origen vegetal. Todo puesto a nuestro alcance "gracias a la amabilidad de la fotosíntesis." Mediante este proceso, las plantas verdes, en presencia de la luz, desprenden oxígeno, constituyéndose en el más importante de los mecanismos de control biológico de la Naturaleza. Las investigaciones han puesto de relieve que el volumen de O_2 liberado a la atmósfera por las plantas es casi igual al de anhídrido carbónico utilizado por éstas. De ello podemos deducir que la fotosíntesis es la más relevante manifestación de vida sobre la tierra: en efecto, no sólo elabora las sustancias indispensables para la vida vegetal y animal sino que también equilibra la relación entre el CO_2 y el O_2, relación que, a través de las actividades respiratorias de animales y plantas, se rompe y altera constantemente.

ÁRBOL Y ARQUITECTURA: en la arquitectura encontramos también los rastros de esa relación del hombre con lo vegetal. Un tronco de árbol ha sido sin duda la primer columna construida; ya en piedra, los egipcios levantaron una variedad de columnas de inspiración vegetal, símbolos de la tierra y de las plantas sagradas, el loto, el papiro, y la palmera, cuyos capiteles representaban sus flores abiertas en las columnas exteriores que eran iluminadas por el sol, y cerradas en las mismas que no recibían la luz solar directa. Los órdenes de la arquitectura reconocen un origen orgánico que es explicado de diverso modo por distintos autores. Alguno presenta una hipótesis que sitúa su origen no en Grecia sino en la tradición hebrea, en el Tabernáculo, cuyas pautas constructivas recibiera Moisés en el Monte Sinaí, según es descrito en el Libro del Exodo (¿). El Tabernáculo es una estructura portátil de madera, sogas y lienzo, para ser erigida en el desierto. Sus postes de palmera verde, cortados e hincados en el terreno, podrían haber vuelto a dar hoja, generándose formas que inspiraron a los primeros artesanos hebreos los capiteles de los tres órdenes clásicos, que, ya en Jerusalén, fueron utilizados en el templo de Salomón. Y hablando de los órdenes de la Arquitectura, no puedo dejar pasar una muy humorística descripción de los mismos en algún libro de los que no tengo registro. Decía así:

"Coliflores, el corintio
Volutas, el jónico
Y todo lo demás, Dórico."

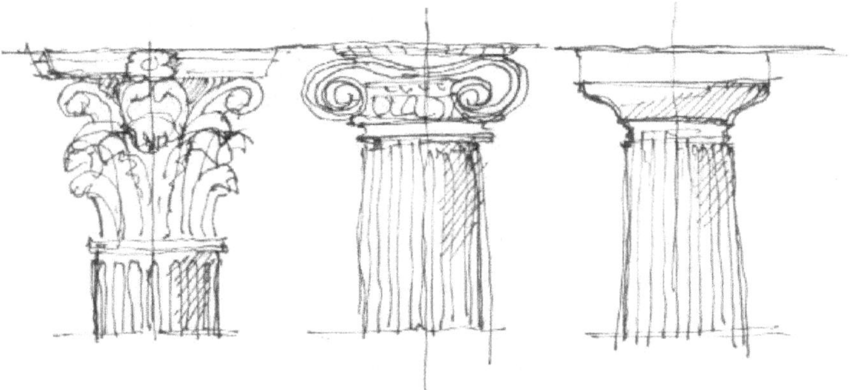

Retorno: a pesar de todo lo dicho y lo mucho más que podría señalarse en el mismo sentido, nos vamos separando de la Naturaleza y dando la espalda al árbol; la vida urbana –ese hábitat artificial que nos construimos– refuerza este distanciamiento. Distanciamiento que parece doler, pues cada vez son más numerosos los grupos que buscan un retorno a la Naturaleza, hecho que se manifiesta, entre otros aspectos, en las caravanas que los fines de semana muestran el éxodo de quienes viven en los grandes centros poblados en busca de calma y tranquilidad, encaminándose generalmente hacia "espacios verdes", hacia sitios con árboles.

Sin embargo el árbol es en la ciudad, una de las primeras víctimas de la violencia urbana. Nada se hace para preservarlos, se los corta o se los arranca con cualquier excusa; si se mueren no se los repone: en los bosquecillos de los alrededores es común ver como se los quema sin escrúpulos para hacer el fuego del asado.

Desde la psiquiatría, se trata de explicar esta conducta contradictoria. Se puede coincidir o discrepar con lo que dice, pero merece que se piense en ello. El psiquiatra se pregunta: ¿Por qué los hombres de hoy han perdido todo respeto y todo amor por los árboles? Y busca la respuesta en los contenidos simbólicos que ha recibido. *"El árbol es, en nuestra cultura, símbolo de calma interior. También es, entre todas las cosas, el símbolo supremo de la fuerza."* Ahora bien, el hombre de hoy no posee, por lo común, esta fuerza... El árbol es la imagen de la estabilidad y nosotros somos inquietos, movedizos y agitados... Estamos poseídos por el demonio del cambio, y el árbol perdura... En el fanatismo por el sol y la luz, ha terminado por detestar la sombra, aún cuando sea bienhechora...

José Hernández, en nuestro Martín Fierro dice:

> *"En su ley está el de arriba*
> *Si hace lo que le aproveche.*
> *De sus favores sospeche*
> *Hasta el mesmo que lo nombra:*

Pero todo es símbolo: la sombra material evoca la sombra interior y el hombre de hoy teme a su sombra interior y detesta sus emblemas. El árbol llega a viejo, el árbol puede ser secular, pero lo que hoy se cotiza es la novedad. El árbol está sólidamente arraigado a su tierra nutricia. El hombre moderno, al alejarse alegremente de su rincón natal, es un desarraigado. Decididamente el hombre medio de hoy tiene pocas afinidades con ese ser bello, fuerte y sabio que es el árbol; se comprende pues, que no le guste la armoniosa lección, el susurro dulce y suave. El árbol, ese patriarca, es un testigo molesto y un mudo reproche. Es más simple derribarlo. Es más simple, pero sería mejor escuchar a este antepasado.

"No hay un solo hombre que no sea un descubridor: empieza descubriendo lo amargo, lo salado, lo cóncavo, lo liso, lo áspero, los siete colores y las veintitantas letras del alfabeto; pasa por los rostros, los mapas, los animales y los astros; concluye por la duda o por la fe y por la incertidumbre casi total de su propia ignorancia."

JORGE LUIS BORGES.

La Naturaleza y la Estructura

"Tres son los caminos que conducen al éxito: primero pensar un camino difícil; segundo imitar los buenos ejemplos de los demás, el camino más simple y tercero, cosechar experiencias propias, un camino duro pero lleno de satisfacciones."

CONFUCIO

La Naturaleza es una fuente inagotable de sabiduría y quien aprende a leerla encontrará en ella siempre respuestas a casi todos los problemas que tienen que ver con la creación y el diseño. Es menester acercarse y estudiar con humildad, sin apuros, ni prejuicios.

En 1786, GOETHE viaja a Italia, y dice, refiriéndose a Palladio:

"Entre las casas de Vicenza hay una por la que siento predilección. Es la que fue del gran Arquitecto. Es una de las casas más modestas del mundo; tiene en la fachada sólo dos ventanas, separadas por un

espacio liso donde hay otra ventana ciega. Quisiera reproducir aque-
lla fachada con el color de los materiales aculotados (*)

En otros párrafos, describe "La Rotonda" y también hace críticas acerca de RAFAEL, en cuanto a su persona y su pintura en San Pietro en Montuorio.

La estructura es algo mucho más profundo y complejo que un dispositivo u organización constructiva cuyo fin es resolver un problema de estabilidad, de soportar o de cubrir; podríamos decir que éste es su fin más inmediato, pero la estructura, debe aún cumplir aquel otro de organizar, dar sentido, valga la redundancia, estructurar la totalidad. La estructura deberá sostener a la composición Estáticamente y Estéticamente. En el primer caso deberá contar con elementos físicos que podrán ser bases, columnas, vigas, arcos, losas, cabriadas o cerchas, etc. El soporte estético dependerá de las proporciones, formas o disposiciones de aquellos mismos elementos que según como se ubiquen agregarán orden, limpieza y claridad a una buena construcción, o mal administrados, harán de ésta una obra sin claridad, desordenada, poco coherente.

Escuchemos algunos conceptos y definiciones de estructuras en arquitectura:

AUGUSTO PERRET, Arquitecto belga, nacido en 1874, maestro de LE CORBUSIER, dice:

"en arquitectura la economía de material da su carácter particular a
cada obra". "Si la estructura no es digna de permanecer aparente, el
arquitecto ha cumplido mal su misión". "El que disimula un pilar o una
parte de sostén, ya sea al interior o al exterior, se priva del elemento más
noble de la arquitectura, de su más bello ornamento". "Arquitectura es
el arte de hacer cantar el punto de apoyo."

LUIS NERVI, Ingeniero italiano, 1891-1979, autor de numerosas y destacadísimas estructuras, en las que pone de manifiesto su genio y audacia:

(*) Aculotados, palabra usada por el traductor, no figura en el diccionario de la Real Academia. SUMMA ARTIS, tomo XIV.

"Es ahora, con estas grandes obras que nos damos cuenta que cuanto mayores sean las dimensiones de una construcción, tanto más estrechamente ésta dependerá de la estructura, la cual a su vez tendrá que obedecer a las leyes naturales totalmente independientes de la voluntad y el sentido estético de sus creadores. El perfil de un puente en arco de 200 metros de luz deberá seguir exactamente la curva de presiones de las cargas fijas... También nos damos cuenta que en las obras de menor envergadura las soluciones estructurales son mejores si son simples por seguir las leyes físicas."

EDUARDO SACRISTE, Arquitecto argentino, 1905-1999, la estructura como forma:

"Siempre hemos creído que una arquitectura contemporánea y auténtica debía caracterizarse por la perfecta identificación de su estructura, su forma y su función. Las arquitecturas Romana y Gótica representaban ese ideal que deseábamos alcanzar."

FÉLIX CARDELLACH, Arquitecto e ingeniero español, 1875-1919:

"Una buena estructura es aquella que emplea la mínima cantidad de materia haciéndola trabajar al máximo de sus posibilidades y en forma uniforme o uniformemente repartida."

La estructura es un tema amplio, abarcativo. Casi todas las creaciones del hombre, literarias, musicales, plásticas, están soportadas por estructuras que las organizan y sostienen, a veces en forma muy notoria, otras veces en forma más sutil, pero siempre presentes. En ocasiones estas formas de sostén son simples, en ocasiones más complejas y difíciles de poner en evidencia.

CÉSAR VICTORINO JANELLO, Arquitecto argentino nacido en 1918, Profesor de la UBA. Hizo publicaciones sobre la percepción visual, teoría del diseño y de la arquitectura. Sobre la estructura y la forma dice:

"La estructura de un objeto es algo así como un aspecto de la forma del objeto, el aspecto más abstracto. La palabra estructura denota el

sistema de relaciones que se establecen entre los elementos o miem-
bros que constituyen un todo, se refiere a la ley de organización con
que el todo se articula."

Escuchemos, a la vez que gozamos, la poesía de Borges:

> *"La firme trama es de incesante hierro*
> *pero en algún recodo de tu encierro*
> *puede haber una luz, una hendidura.*
> *El camino es fatal como la flecha.*
> *Pero en las grietas está Dios, que acecha."*

Muestra evidente de una estructura con un eje "de simetría" situado en el verso que termina con la palabra *hendidura*. Hacia arriba quedan *hierro* rimado con *encierro*, y hacia abajo *flecha* con *acecha*.

Otra maravillosa estructura literaria, también de Borges, es un cuento, que bien contado (ojalá yo supiera cómo), tiene una estructura muy visible con un comienzo, un desarrollo y un remate final.

Elijo "El Cautivo", del libro El Hacedor, de la Biblioteca Argentina de La Nación. Y no voy a cometer la torpeza de señalar cada una de estas partes (sería una falta de consideración al lector), pero allí está presente esta estructura, que en una primera fase define el espacio donde ocurre la acción. Le sigue una descripción sintética y magnífica que eleva el interés, y lo remata en forma insólita, para luego hacer un par de preguntas y liberar a la imaginación de quién lo lee, que habría pensado el protagonista.

Cuando escucho "Las Cuatro Estaciones" (Encore, CD Vivaldi, The Four Seasons, Menhuin CD).

Me resulta más que obvio deducir la estructura de esta hermosa obra. Sin temor a equivocarme, porque así lo dispuso el autor, ya que tiene cuatro Conciertos que corresponden a: La Primavera, El Verano, El Otoño y El Invierno, como si dijéramos cuatro ramas de un mismo tronco sonoro: y a su vez, estas cuatro ramas, se dividen cada una de ellas en tres movimientos.

Así es que entre Adagios, Largos, Prestos y Allegros nos conducen, desde un crescendo más juguetón que culmina en el III Movimiento del Segundo Concierto, El Verano, hasta un melancólico final, más serio, más estructurado, con un dejo optimista, que sería el Allegro de El Invierno.

Se me ocurre que "Las Cuatro Estaciones", describen la oscilación sinusoidal de la Naturaleza en sus cambios anuales, pero también la curva de nuestra vida, con la alegría de la niñez, la plenitud de la juventud, la madurez y la serena ancianidad.

La estructura de esta obra es más que evidente, su unidad está reforzada además, porque cada Concierto emplea un espacio temporal similar, alrededor de 10 minutos.

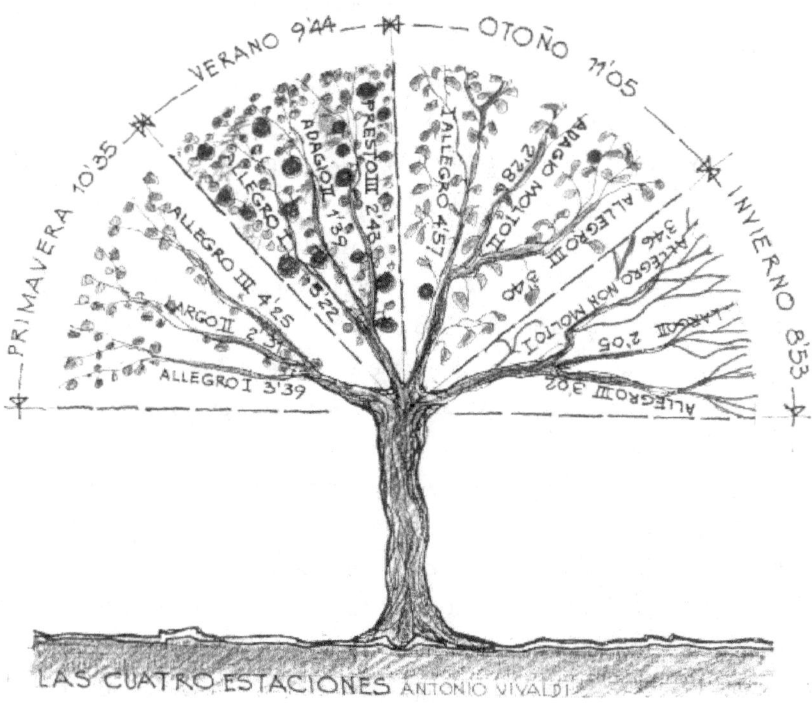

Y un ejemplo más de estructura en la literatura, esta vez en la poesía de José Pedroni, poeta nacido en Esperanza, Prov. de Santa Fe. En su libro "Acesillo de Helena", leemos este poema llamado "Nivel".

> *Éste es el nivel de mi padre,*
> *Su nivel de albañil.*
> *Tiene una gota de aire.*
> *Mi padre está hecho polvo, de aquel hombre*
> *Ya no se acuerda nadie.*
> *Vive conmigo cada vez más solo*
> *En esta gota de aire."*

Tengo en el bolsillo de mi saco un monedero con muchas moneditas, que es bastante pesado. Si lo saco de ese bolsillo y me lo pongo en el bolsillo del pantalón: ¿qué ha cambiado?

Ha cambiado el recorrido de la fuerza que corresponde al peso del monedero lleno de monedas.

En el primer caso, la carga "sube", trepando por la tela del saco, hasta los hombros. Desde allí, y por gracia del conjunto de huesos y músculos de la llamada cintura escapular, se traslada hasta las vértebras de la columna dorsal, y pasando vértebra a vértebra a través de los anillos intervertebrales, desciende hasta los huesos ilíacos, de éstos pasa a los grandes trocánteres de los fémures, y descienden por ellos hasta las rodillas. Allí, nueva transferencias de carga por los rótulas, y luego bajan por los huesos de las piernas y los pies hasta llegar a tierra firme.

Cuando, en cambio, pongo el monedero en el bolsillo, del pantalón, la carga ya prácticamente está sobre el hueso de la cadera, y desde allí pasará a las piernas haciendo idéntico camino que en el caso anterior.

Evidentemente, el camino que recorrió esta vez la fuerza del peso del monedero, es bastante más corto, lo que hace que esta solución sea más *económica*, y por lo tanto más razonable de aplicar en caso de estructuras, sean éstas mecánicas o arquitectónicas. Podríamos enunciar que es deseable *"Que las fuerzas lleguen a tierra por el camino más corto, ahorrando recorridos."*

Y si fuera razonable, y colocásemos el monedero (y por ende la fuerza o la carga) a un nivel tan bajo como la suela de los zapatos, mejoraríamos la estabilidad del conjunto –en este caso el cuerpo humano– al hacer descender su centro de gravedad.

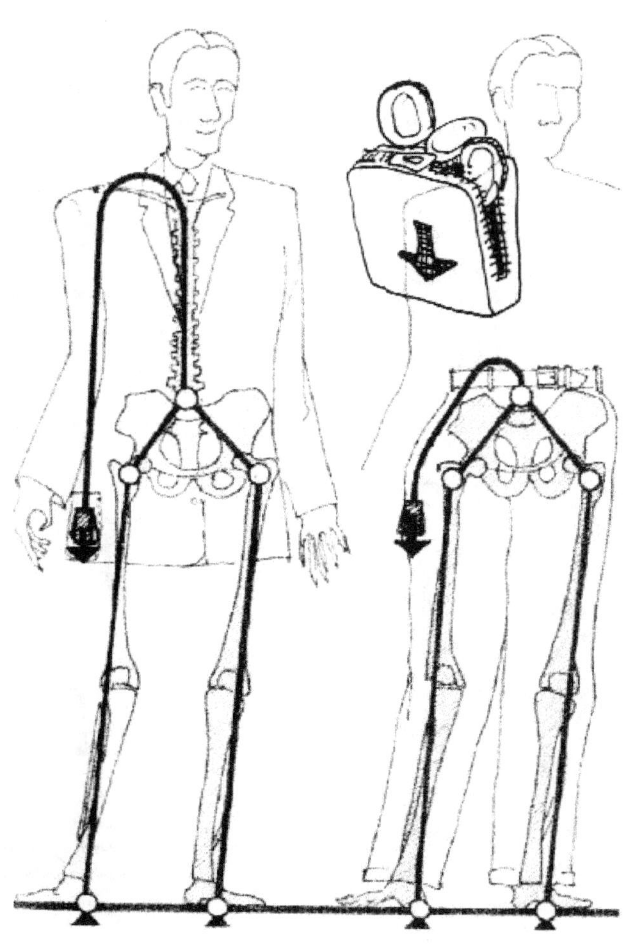

Hay sin embargo, interesante estructuras que no buscan precisamente caminos cortos, y éstas pueden ser ejemplos:

El edificio **Hileret**, proyecto del Arq. AMANCIO WILLIAMS, en Paraguay y Esmeralda, Buenos Aires.

El edificio **Pirelli**, proyectado y construido por el Arq. MARIO BIGONGIARI, en Maipú esquina Juncal, Buenos Aires, cuyo cálculo estructural estuvo a cargo de los Ingenieros LLAVALLAZ Y YENTEL.

Otra idea que debería estar presente al plantear una estructura arquitectónica:

"La estructura debe ser lo más simétricamente (u homogéneamente) distribuida con respecto a la planta (o a los planos de solicitación)."

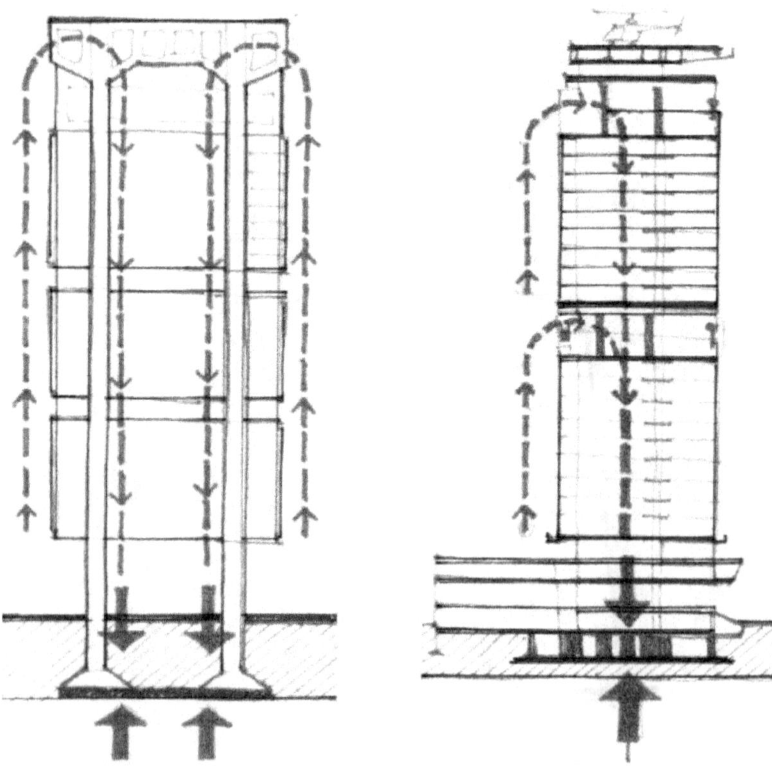

Esto lo dice el Ingeniero HORACIO REGGINI, destacado estructuralista argentino que ha desarrollado una fecunda trayectoria en el campo de la ciencia, la ingeniería y la educación: plantea la similitud entre columnas y resortes. Cuando las sometemos a esfuerzos de compresión, cada resorte tomará la parte de la carga que le sea posible a fin de mantener el equilibrio del conjunto. Si los resortes son "duros", tomarán a su cargo el sostén de cargas mayores que los resortes "blandos".

"El equilibrio estático es imprescindible, pero no suficiente, si no se conjuga con el equilibrio elástico, que es el que toma en cuenta la naturaleza resistente de los materiales" "La técnica se anticipó siempre a la ciencia."

ARQ. LUIS CURCIO

Imaginemos una viga doble T 20 empotrada sólidamente, que presenta un voladizo. Si una mosca se posa en su extremo, la viga sufrirá una deformación que será pequeña porque la carga es pequeña. Todo material cohesivo, que no se halle expuesto a una solicitación externa almacena fuerzas elásticas en estado **potencial**. En cuanto se le solicite, comenzará a deformarse,

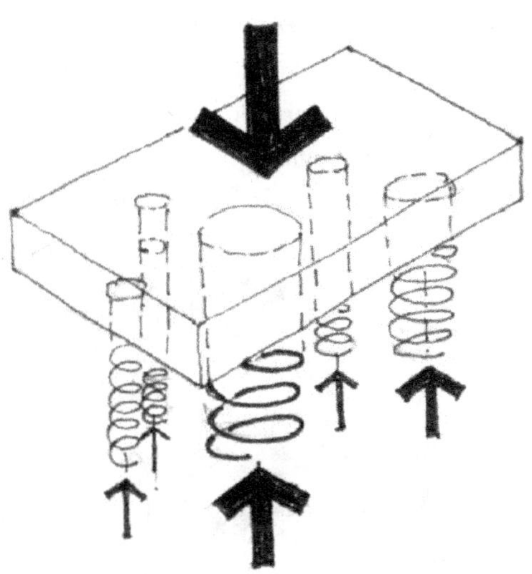

fenómeno que desarrollará al estar tratando de conseguir el equilibrio elástico, o sea que dichas fuerzas pasarán del estado **Potencial** al **Activo**, por obra de la deformación.

ALGUNAS ESTRUCTURAS NATURALES: en el gran libro de la Naturaleza es que encontramos la verdad que preside a todas las manifestaciones materiales: en él debemos pues leer para alcanzar la realización de una obra lógica. Los seres de todos los reinos naturales, por estar sujetos a las leyes externas (acción de la gravedad, presión del viento, etc.) satisfacen a un principio general mecánico sin el cual no sería posible su estabilidad y su resistencia y este principio no es otro que el de estructura.

LAS ESTRUCTURAS TUBULARES: cuando se trata de resistir esfuerzos en todas direcciones, la construcción tubular o cilíndrica es la mejor para el caso. Una hoja de papel comienza a ser rígida cuando se la enrolla; así, un tubo de madera laminada soporta grandes esfuerzos como ocurre en el fuselaje de un avión. También actúan con los mismos principios las estructuras de los automóviles sin chasis, llamados monocascos.

UNA CAÑA: es una estructura que resuelve todos los esfuerzos a los que está sometida; es una estructura de flexión, como el tallo de una palmera; puede sufrir empujes desde cualquier dirección, y por lo tanto, no tiene un plano principal que contenga el eje neutro donde las fibras no sufren deformaciones. Tiene su material distribuido lo más lejos posible del eje neutro, de

manera de tener el brazo de palanca del par lo más grande posible. Además el material, las células que repiten en pequeño la forma de la totalidad de la estructura, son más densas en la periferia que en el interior. Al producir-se la flexión de una caña, conjuntamente con los esfuerzos de compresión y tracción de las fibras a un lado y otro del eje neutro (y precisamente por

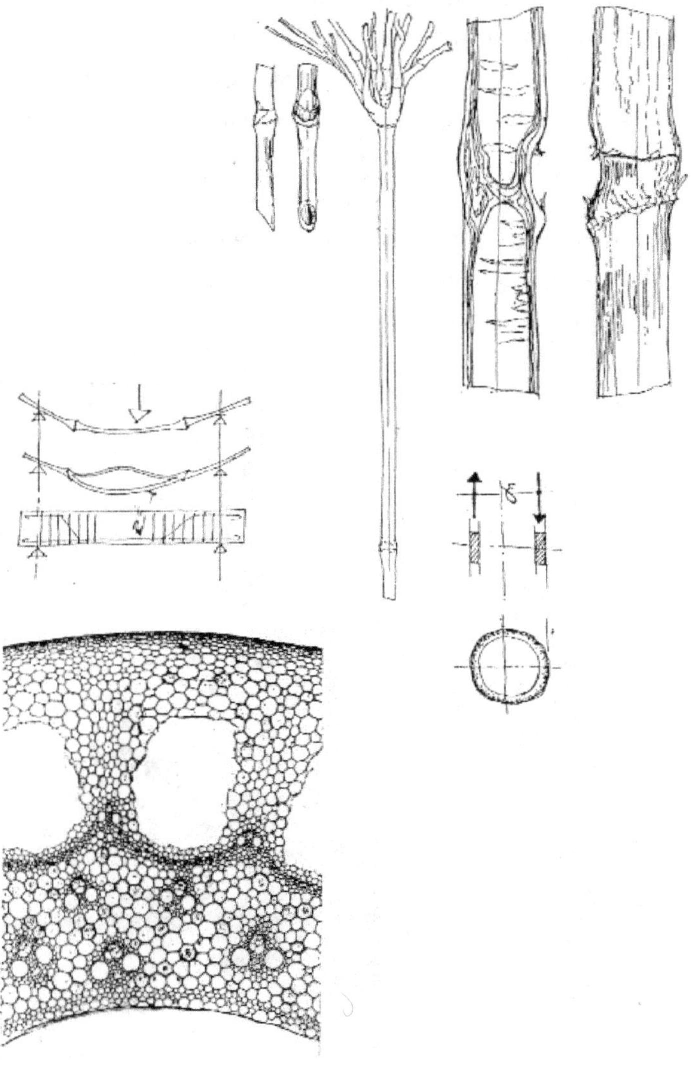

esto) aparecen fuerzas longitudinales o tangenciales (esfuerzos de corte), que tratan de romper el tubo con grietas a lo largo de la misma. Los "nudos", que son engrosamientos que alojan las yemas de donde brotarán las hojas y que están distribuidos a distancias armónicas, serán los encargados de detener las rajaduras longitudinales provocadas por la flexión, de la misma manera que actuaría un estribo de acero en una viga de hormigón armado. El material de que están constituidas las cañas es débil para resistir la compresión, pero parte de él tiene gran resistencia a la tracción.

Dos puntos a resaltar en las estructuras tubulares: el primero se refiere a que se deben engrosar las estructuras cuando el momento flector es mayor. La segunda, tener en claro que las líneas isostáticas de compresión y tracción se cortan en forma perpendicular. En este tipo de estructuras se pueden encuadrar las estructuras de automóviles tales como el Wolkswagen, el Fiat 600, los barcos cargueros Liberty-ships, o los aviones.

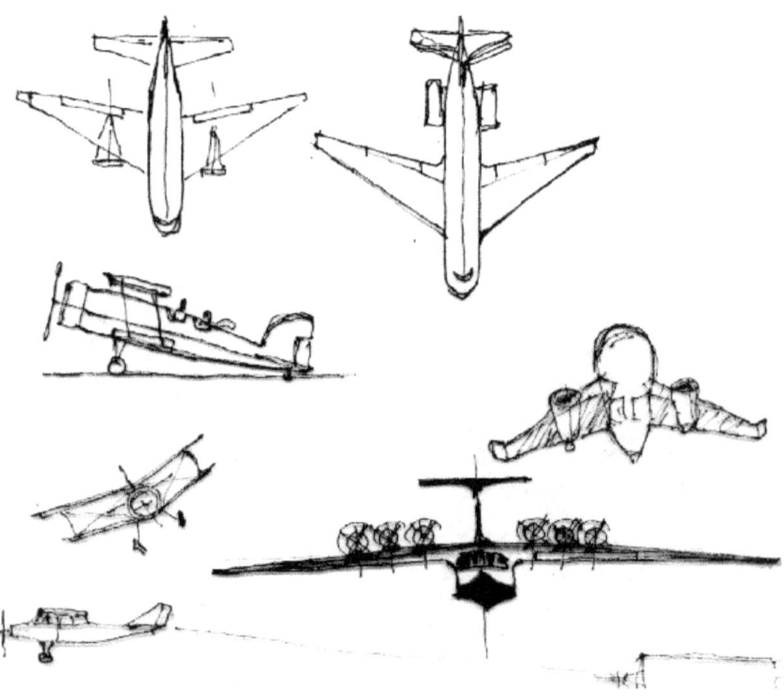

OTRA OPORTUNIDAD PARA UN ESTUDIO BIÓNICO: Años atrás, una empresa productora de maquinaria agrícola de General Pico, Pcia. de La pampa, desarrolló una seleccionadora de semillas de gramíneas y pasturas. Algunas máquinas seleccionadoras, trabajan haciendo caer las semillas por gravedad en medio de una corriente de aire ascendente, que así las separa de acuerdo a su pesos y tamaño. Estamos hablando de semillas pequeñas, (de 0,3 a 0,5 mm de diámetro). Ocurría que plantas valiosas, y algunas pertenecientes a otras pasturas consideradas "malezas", tenían semillas muy parecidas en volumen y peso, y se mezclaban. Sin embargo, observadas al microscopio, se comprobó que las "buenas" presentaban en su superficie pequeñas protuberancias con púas, mientras que las de las malezas tenían superficies lisas y pulidas. Solución a la separación: se las hacía rodar sobre un tobogán forrado de terciopelo; las que tenían púas quedaban enganchadas, las lisas rodaban hasta el final.

Y una más que espera al técnico biónico para una inteligente solución: es sabido que las semillas germinan en condiciones favorables según su posición de acuerdo al Norte magnético del lugar de siembra. Habría que desarrollar una máquina sembradora que deposite la semilla en su "cama "de germinación en posición adecuada, tal como las actuales lo hacen a la altura más favorable. ¿Será posible?

Un ejemplo de estructura que resiste "por forma", es una bizna de pasto o una hoja de sansiviera (vulgarmente llamada lengua de suegra): sus plegaduras le confieren gran resistencia como si se tratara de una losa plegada o una hoja de papel plegado.

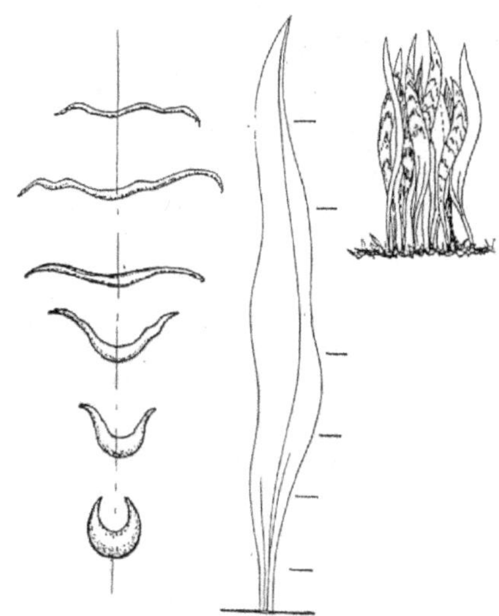

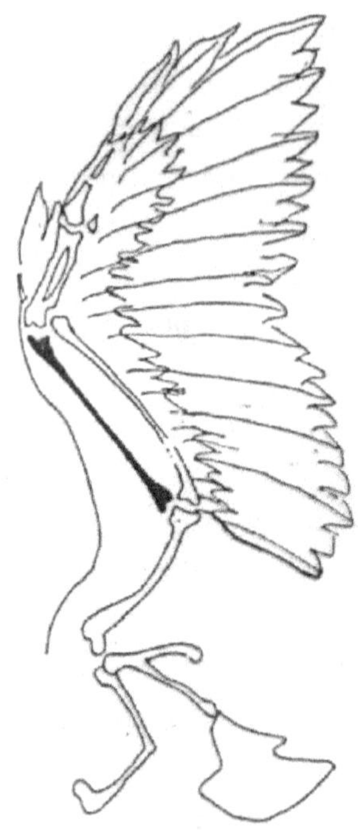

El metacarpo o hueso largo de algunas aves, debe ser una estructura muy liviana y muy resistente. Los ingenieros y los arquitectos interesados en la anatomía pueden observar que ese hueso está diseñado en una forma muy similar a una viga **Warren**, con triangulaciones múltiples que la hacen prácticamente indeformable con muy poca materia.

El fémur humano, satisface el diseño de estructuras sometidas a flexión compuesta. La disposición de las láminas óseas, siguen las líneas de fuerza o isostáticas. Se cuenta que Cullman cuando vio esta estructura natural dijo: *"Esta es mi grúa."*

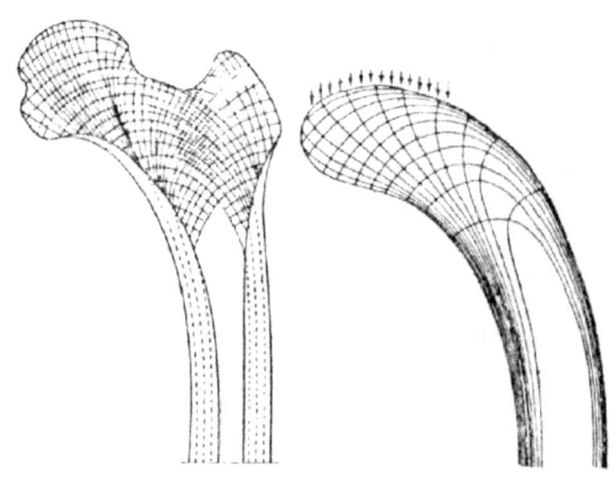

WOOD dice que JOSEF PAXTÓN se inspiró en el envés de la Victoria Regia (nenúfar gigante) para el diseño del Palacio de Cristal. (*)

A todo este conjunto de observaciones y analogías, se lo ha bautizado como BIOTECNIA, que se puede sintetizar como las cualidades que tienen los animales y las plantas como "inventores."

Pero también formas y estructuras pueden surgir por la influencia de fuerzas exteriores sobre cuerpos inanimados, tomando como idea que "toda forma es un diagrama de fuerzas." En 1966 ALEXANDER publicaba un libro titulado "Del conjunto de fuerzas a la forma" donde da un ejemplo de disposición estructural inorgánica, como es la superficie arenosa, duna o playa, conformada en ondulaciones reguladas por acción del viento. Las fuerzas actuantes en este caso (gravedad, fricción, presión eólica) son únicamente mecánicas y se encuentran equilibradas.

LA ESTRUCTURA Y LA ECONOMÍA: cada edificio debería tener la estructura que le sea ínsita. Por ejemplo, no tiene sentido usar grandes luces en lugares donde quizá con menos luz se arregle igual, y ésto sería un principio de Economía. Un ejemplo de esta situación es el espacio de los grandes comedores. Parecería que es un error el tener grandes luces, pues un lugar así, puede ser mejor resuelto con la colocación de columnas que ayuden a compartimentar y a favorecer el equipamiento, al par que resuelven la estructura con más economía.

(*) **INCÓGNITA:** encontré en algún libro que no puedo precisar (por no ser ordenado y sistemático) que WOOD (¿) asimilaba la estructura natural de la Victoria Regia a la estructura del Palacio de Cristal, de Paxton.
He admirado muchas veces la estructura de la Victoria Regia, y he estudiado con bastante cuidado la estructura prefabricada y sobre todo la ingeniosa puesta en obra, del Palacio de cristal. Nunca pude encontrar donde residía esa similitud que decía WOOD. Entonces busqué a WOOD, y encontré que hubo dos: JOHN WOOD, el viejo, 1704/1754 y su hijo JOHN WOOD, el joven 1728/1781, ambos ingleses. Sir JOSEPH PAXTON trabajó en el Palacio alrededor de 1836/1840. Entonces casi seguro (¡) que ninguno de los dos WOOD lo deben haber visto, porque ya estaban debajo de las margaritas. El que tuvo esta idea, ¿habrá sido algún WOOD nieto?

El Costo de una estructura, Crece, igual que el Momento de las piezas sometidas a flexión, con el cuadrado de la luz.

La Fuerza de Gravedad

"Todas las cosas aguantan por el horror a caerse."

BASEGODA MUSTÉ

Nosotros luchamos siempre con la gravedad. En nuestra torpe esgrima con ella debemos adquirir un profundo sentido de la humildad, si no más, para aprender como lo hace la Naturaleza o la Providencia.

Desde que el hombre se puso de pie, y aquí vale decir que algunas teorías arriesgan que lo hizo para que su cabeza estuviera más alta y pudiera ver a sus enemigos desde mayor distancia, se desarrolló en él una compleja serie de mecanismos que le permitieron estar en equilibrio y caminar. Cuando el hombre se yergue, gana en libertad. No olvidemos que su forma, al principio horizontal, se tuvo que adaptar a la postura vertical. Se levantó imitando al árbol. El primer resultado de este cambio, fue que el hombre se descubrió a sí mismo una capacidad de inventar diseños, patrones, no limitados a la reproducción de prototipos de la Naturaleza, como en el caso del gusano o el león. Un diseño es un orden. La diferencia entre el hombre y los mamíferos superiores reside —entre otras cosas— en el lenguaje. El lenguaje le permitió ir constituyendo la experiencia, ir acumulando el saber e ir transmitiéndolo.

El hombre aguanta poco tiempo de pie. Todavía no se ha acostumbrado, a pesar de que ya lleva millones de años tratando de hacerlo. Cuando se queda muchas horas de pie, le duelen los huesos por sostener el peso de su propio cuerpo. Estar parado no es natural en él. Tiene en su auxilio las sillas y las camas y tiene que yacer un tercio de su vida para poder aguantar sentado o de pie los otros dos tercios. Y ésta no es la única acción forzada que viene cumpliendo. También prestar atención, concentrarse, le exige un severo esfuerzo. Pensar duele. El pensar no es una función natural del hombre. Es tan poco natural como empeñarnos en tenernos de pie sobre dos pies que son sólo dos puntos, en lugar de cuatro. Y de igual modo que ciertos músculos nos duelen por empeñarnos en andar en dos pies nada más,

así le duele todo su ser porque se empeña en pensar. Hace esfuerzos por separarse de si mismo y de esa forma poder mirar la vida desde afuera. Por eso duerme, para restaurar la unidad de su yo.

Volvamos al equilibrio:

Y aquí surge una primera pregunta: ¿cómo se mantiene erguido un hombre siendo que todo su peso (sobre todo el de su parte superior) carga sobre una columna que tiene un eje curvo?

Aquí haremos una comparación con un hecho mecánico: el arranque de un cohete portador de satélites.

Nos preguntamos: ¿cómo se mantiene vertical el cohete en los instantes inmediatos a su orden de partida, cuando ha dejado ya sus estructuras de sostén?

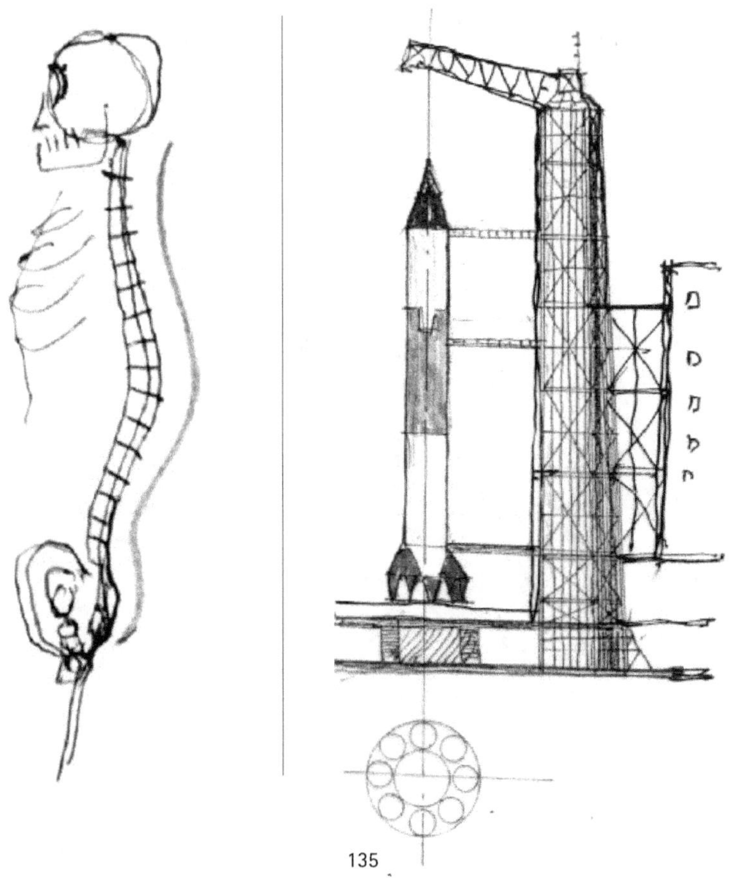

El cohete principal está rodeado de impulsores secundarios, que cuando se libera la energía de ascenso, son controlados por un computador. Éste les va dando órdenes sucesivas, a fin de que impulsen el conjunto hacia uno u otro lado, de manera que se mantenga vertical.

Algo similar ocurre cuando un hombre monta una bicicleta. La bicicleta se mantiene en equilibrio porque encima lleva una "computadora."

Hablemos un poco de la columna vertebral del hombre: la vértebra tiene una forma bastante compleja, donde se destaca un apoyo que tendrá los discos intervertebrales (elásticos) y una serie de apófisis donde se insertan los músculos que hacen las veces de tirantes que mantienen "tiesa" la columna. Estos músculos funcionan en forma similar a los chorros de los cohetes suplementarios, acortándose o alargándose, según lo pida la "computadora" del cerebro.

Las vértebras se unen entre sí por articulaciones intrínsecas, pero además, la columna se relaciona con la cabeza, las costillas y coxales por otras articulaciones llamadas extrínsecas. Las primeras se enlazan inmediatamente por las apófisis articulares y mediatamente por las espinosas y transversas, así como también por las láminas.

Se puede asimilar esta estructura de la columna vertebral, con una estructura Transegrity, de Bukminster Fuller, formada por tetrápodos, donde los apoyos elásticos reemplazan a los discos intervertebrales, y los tensores vendrían a ser los músculos que arrancan de las apófisis de las vértebras. Al separar las energías de tracción y de compresión en su forma más ventajosa, o sea en elementos comprimidos relativamente cortos combinados con elementos largos de cables y varillas para las tracciones, Fuller llegó al descubrimiento, de manera intuitiva de su principio estructural de la compresión discontinua y la tracción continua, usando así ambas en su máxima fuerza de funcionamiento. El tetraedro, (cuatro caras triangulares) parece ser el sistema de energía de dimensiones mínimas o configuración vectorial más reducida. El tetraedro representa probablemente la configuración de energía fundamental o básica de la estructura universal.

Fuller supuso que la red estructural de energía más económica sería la derivada de la fusión del tetraedro y la esfera. La esfera encierra la mayor cantidad de espacio con la menor superficie posible y es más fuerte contra las presiones internas; el tetraedro encierra el menor espacio con la mayor superficie y es más fuerte contra las presiones externas. Esto puede conseguirse mediante el icosaedro, un tetraedro multifase, cuyos vértices se hallan situados en su totalidad sobre la superficie de una esfera. Integrando esta forma con la esfera y subdividiendo simétricamente sus caras, llegamos a la retícula de tres direcciones o círculo máximo de la estructura geodésica.

Es importante observar que no existen limitaciones de tamaño inherentes. Al aumentar las dimensiones del sistema, aumenta el número o frecuencia de la triangulación. Además, su fuerza relativa crece a un ritmo más rápido que el peso de estructura requerido; cuanto más elementos se empleen, la proporción de delgadez

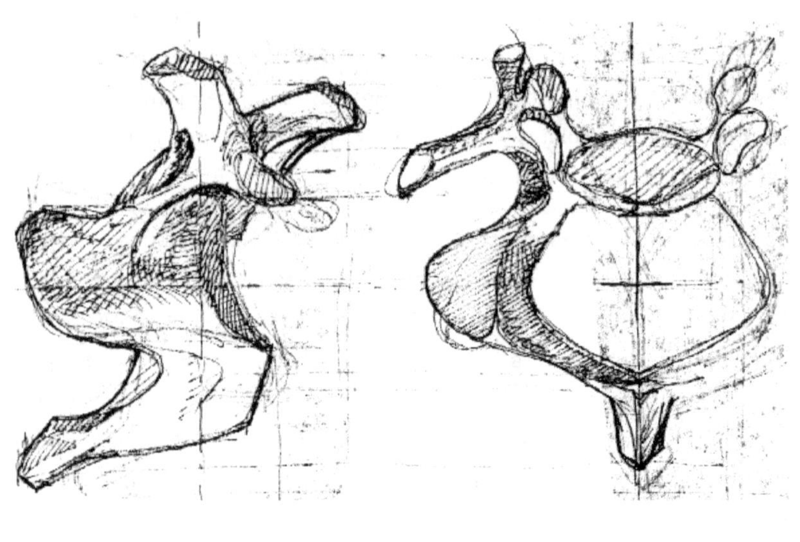

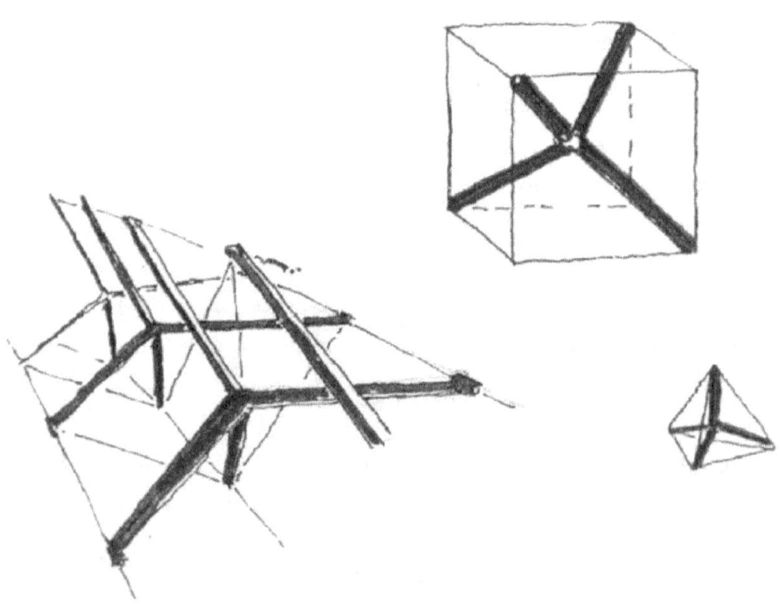

con respecto al peso disminuye relativamente. La estructura se hace relativamente más ligera al ampliarse, como la membrana de un globo. Por lo tanto, al alcanzar dimensiones grandísimas, estas estructuras tenderían a tener dimensiones de espesor cero y una relativa invisibilidad. Empleando materiales con sus principios cohesivos subdivisibles, este sistema admite para el uso estructural muchos materiales y técnicas que pueden aplicarse a la construcción.

A diferencia de las demás especies vivientes, el hombre ha conseguido alterar grandemente sus características ecológicas fundamentales, tanto concientes como subconscientes. Ninguna de las otras especies vivientes ha alterado su ambiente ecológico. Durante el último medio siglo (escrito en 1960) el hombre ha pasado gradualmente de unos dominios locales de 20 Km de diámetro a un mundo diario de miles de kilómetros de radio como consecuencia de alterar su propio medio ecológico.

Fuller pensaba sistemas, como por ejemplo una casa que podía llevarse y plantarse en cualquier sitio de la tierra. Quizá lo que hay que pensar es un proyecto que pueda hacerse con lo que hay en cada sitio; Fuller se formó viendo pescadores, hacedores de redes, de nudos, de cordajes. Allí los hombres echaban un cabo y se involucraban en complejas técnicas de la tracción tan espontáneamente como las arañas.

"El mejor ejemplo de estructura está dado por el cuerpo humano. Aquí encontraremos la materia trabajando en forma bien diferenciada: los huesos para sostener, el resto para cumplir otras funciones, la piel para proteger el conjunto."

Félix Cardellach.

"La estructura debe sostener a la composición estáticamente, pero también estéticamente."

Se lo escuché decir a la Arqta. Odilia Suárez.

Nos basta observar un fresno (fraxinus americana) cuando decimos que la estructura es el sostén de la composición. Tanto en verano, con su foliación completa, como en invierno, cuando ha perdido sus hojas, la estructura leñosa que ha quedado, nos permite leer su forma e imaginarnos como es el ejemplar en su plenitud.

La Naturaleza es una fuente inagotable de buenos ejemplos de construcción y debemos siempre acudir a ellos, y del estudio de sus fenómenos, sacaremos conclusiones que nos orienten en nuestros estudios.

La casa Dominó es un buen ejemplo.

Otro buen ejemplo de estructura en relación con la arquitectura, es el grupo de aulas que para la Facultad de Ciencias Geológicas y Biológicas, construyó el Arqto. Álvarez Castelao en Asturias, España, en 1965. Esta estructura somete a las vigas apeadas a esfuerzos de torsión.

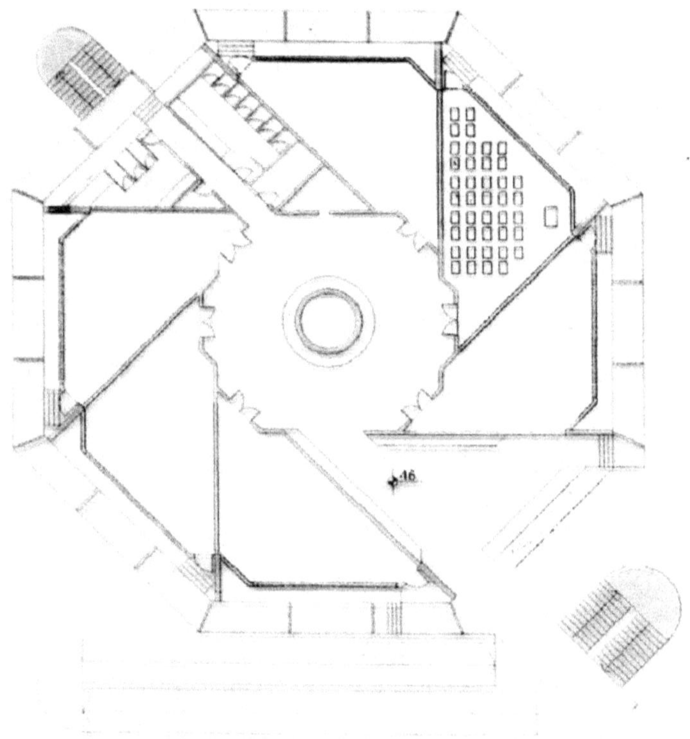

Otro ejemplo de estructura con características semejantes, es el Edificio del Banco de Londres, Reconquista y Sarmiento, en Buenos Aires, de los Arqs. Sánchez Elía, Peralta Ramos, Agostini y Clorindo Testa. Esta estructura también determina los espacios y define el proyecto, prácticamente sin más divisiones. Parte de los entrepisos están apoyados y parte suspendidos.

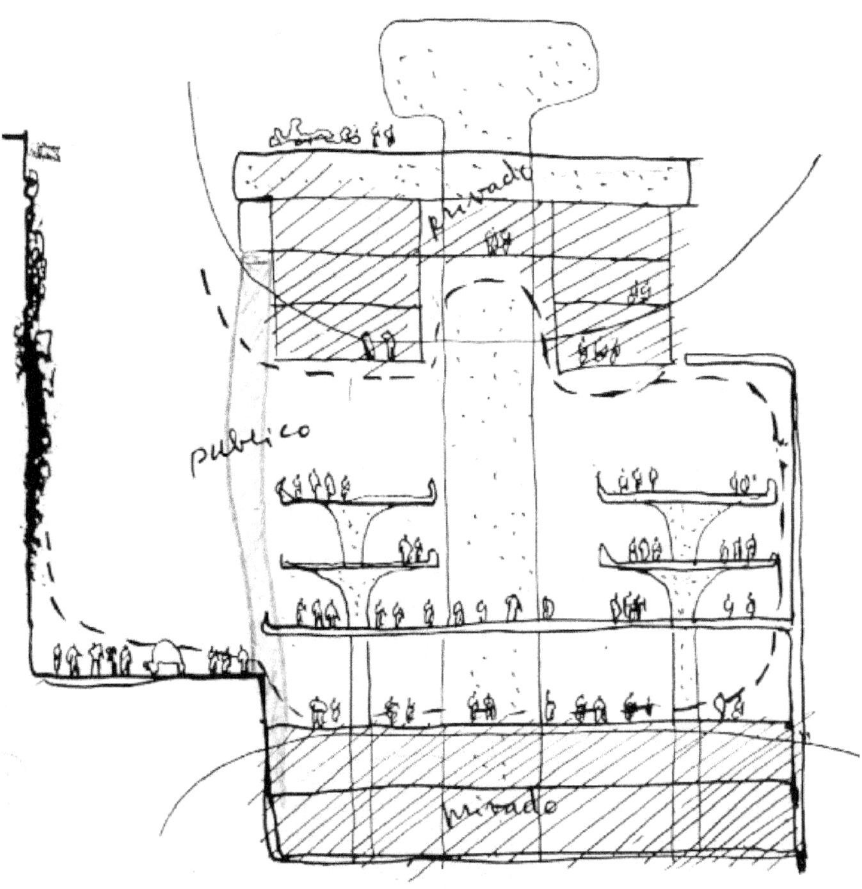

El Tamaño de las Cosas

"Vemos como las cosas trabajan en la Naturaleza, y tomamos nuestras ideas de allí."

BILL MOLLISON, Permaculture

Todas las cosas que nos rodean, están muy condicionadas por el tamaño. No el tamaño RELATIVO, sino el tamaño **absoluto**. Y quienes tengamos la posibilidad de estudiar o realizar algún trabajo que tenga que ver con la **biónica**, debemos considerar la naturaleza de los modelos que enfrentemos, donde uno de los mayores desafíos será establecer el tamaño del mismo.

Tamaño, es una palabra que proviene del latín TAM (tan) y MAGNUS (grande). Se trata de cada uno de los estados particulares de una magnitud.

Las longitudes, los pesos, las áreas son "Magnitudes." Pero como cada línea tiene "SU" longitud, cada superficie "SU" área, cada cuerpo "SU" peso, etc. la longitud de una cierta línea, el área de una cierta superficie, el peso de un cierto cuerpo, es la cantidad de longitud, de peso, de superficie que poseen estas magnitudes, de manera que las **cosas iguales** tienen la misma cantidad de una cierta magnitud, y las **desiguales** distinta cantidad de la misma magnitud.

Una cantidad "discreta" es la formada por elementos separables como una biblioteca, una tropa de ganado, etc.

En el capítulo de las magnitudes, se rastrea una larga historia hasta Arquímedes (Siracusa 287/212 a J.C.) que dice que en figuras geométricas sólidas de distintos tamaños, la superficie aumenta proporcionalmente al cuadrado de las dimensiones lineales, y el volumen, proporcionalmente al cubo. Thompson llamó a esta relación entre cuerpos grandes y pequeños "Principio de similitud." Pero fue Galileo, hace casi 300 años quien generalizó este principio para todas las estructuras, vivas e inertes, que conservan la forma. El dijo:

"La Naturaleza no puede hacer crecer un árbol ni construir un animal por encima de cierto tamaño, conservando a la vez las proporciones y empleando los mismos materiales."

La paradoja de la fiambrería: si imaginamos un despacho de venta de fiambres y embutidos, donde de los ganchos penden las salchichas y los chorizos, y si además imaginamos que por una razón de magia, todas las cosas, la fiambrería, la mercancía expuesta, el fiambrero y nosotros mismos, comenzamos a aumentar paulatina e imperceptiblemente de tamaño, en un momento veríamos como los embutidos empiezan a caer, pues el hilo que los mantiene (a pesar de que también aumenta de grosor) no es capaz de resistir más su peso. Esto es debido a que la resistencia de los hilos depende de su sección, que es una dimensión que está aumentando en forma cuadrática, mientras el peso del embutido aumenta en forma cúbica, o sea, el peso aumenta más rápidamente que la sección del hilo que sostiene, que por lo tanto, en un momento, se corta, pues no es capaz de soportar la carga.

Las cosas naturales, tienen tamaños máximos muy bien establecidos, que son el resultado de los materiales de que están hechos y de las funciones que cumplen. Cuando se transgreden estos tamaños, y en la misma Naturaleza a veces pasa, ocurren fenómenos de gigantismo. Pero el gigantismo, como dijo Ortega y Gasett, *"es una enfermedad de muerte"*. Es un problema que se conoce bien, el del "desarrollo sostenido"; ninguna población, de bacterias o de hombres puede crecer más allá de los recursos disponibles sin entrar en crisis. Si quiere continuar en el desarrollo, hay que inventar nuevas tecnologías, con el objeto de crear nuevos recursos.

Digamos, siguiendo las pautas antropológicas y ergonómicas, que un hombre mide aproximadamente entre 1,60 m y 1,90 m (aseveración muy grosera, al solo efecto de un ejemplo). Puede haber fluctuaciones entre estas magnitudes, pero si encontramos un hombre de 3 m de alto, podemos decir sin equivocarnos que traspone los límites normales y estamos en presencia de un gigante.

Cabe aquí hacerse una primera inquisición: ¿se podrá hacer una estructura grande, grande, y después seguir agrandándola?

La ingeniería estructural, ha desarrollado una parte de sus conocimientos en lo que se conoce como "análisis dimensional", que permite la determinación a priori de la magnitud de ciertos elementos como máquinas, artefactos, utensilios, herramientas, etc. Y también ha aplicado esos conocimientos en la comprobación de la magnitud o tamaño que pueden llegar a tener los animales y las plantas.

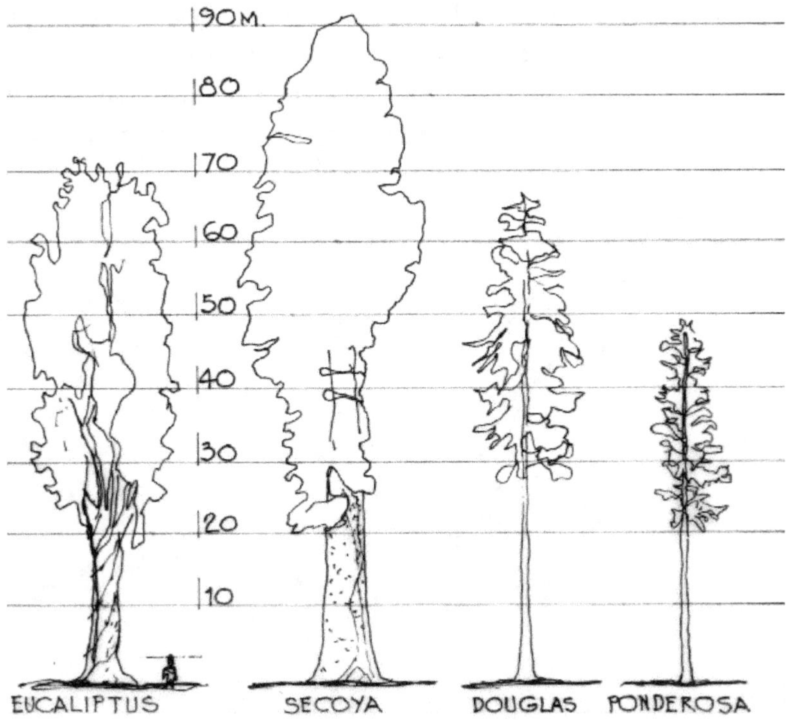

Investigando las pautas de las proporciones de los grandes árboles, aplicando el análisis dimensional, destacando que las variables físicas del problema son el diámetro de la base, la altura, el módulo de elasticidad y la densidad de la madera, se llega a la conclusión que el cociente entre el cuadrado del diámetro y el cubo de la altura ($d2/h3 = K$) debe ser aproximadamente constante en los árboles altos. De aquí también se desprende, aplicando los principios de la mecánica de los sólidos, que la altura máxima a que puede llegar un árbol o un mástil de madera muy alto es de 110 m.

Las plantas representan un punto culminante en la evolución biológica. Con ellas la biosfera ha alcanzado una dimensión más elevada –hasta 100 metros por encima del suelo–. Pero en el gremio fotosintético son unas recién llegadas. Evolucionadas a partir de las algas, las plantas pueblan la Tierra y colorean de verde los continentes desde hace sólo 450 millones de años.
La ballena azul, con sus 26 m de largo y sus 180 toneladas de peso, es el animal más grande que haya existido nunca, mucho mayor que el mayor de los dinosaurios. Sin embargo, al lado de los titanes del mundo vegetal –como la secoya gigante, que puede llegar a las 2.000 toneladas– hasta las ballenas se quedan pequeñas. Un clon de álamo temblón (populus tremuloides) se

estima que contiene hasta 47.000 troncos. Este árbol disperso pero interconectado cubre 43 hectáreas en Utah, y según el biólogo de la Universidad de Colorado Jeffrey Milton sería el organismo individual más grande del planeta. Se estima que pesa 6.000 toneladas.

En el Universo, las cosas de la Naturaleza se desarrollan en una cantidad de "Órdenes de Magnitud". Estos Órdenes de Magnitud, son acotados, finitos. No existen infinitas Órdenes. Cada Orden de Magnitud, es una cantidad DIEZ veces mayor que la anterior. La escala logarítmica recoge la gama de tamaños de los seres vivos. Cada cifra representa la masa en gramos. Para representar estos Órdenes, es muy cómodo usar logaritmos, y recordemos que en los logaritmos no existe el "o". Vale la pena recordar aquí, la cita de Alexis Carrell, cita nada metafórica porque comprueba las dimensiones de las masas a las que alude:

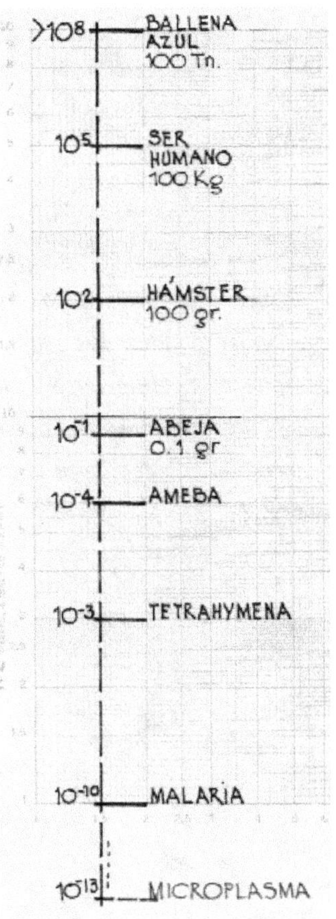

"El Hombre, está a mitad de camino entre el átomo y la estrella."

También entre el eucalipto y el moho. Su magnitud es relativa: grande o pequeña según con que se lo compare. Su longitud es de 200 mil células de tejidos o de 2 billones de moléculas de albúmina alineadas; gigantesco si se lo compara con un electrón o un microbio; pero minúsculo comparado con la tierra. 4 mil hombres parados unos sobre los otros serían como el monte Everest. En realidad no tiene importancia. Lo específico del hombre no posee dimensiones físicas; el significado de nuestra presencia en el mundo

no depende seguramente de nuestro volumen. Parece ser que nuestro tamaño "es apropiado al carácter de las células de los tejidos y a la naturaleza de los cambios químicos, del metabolismo del organismo".
Y otra opinión:

> *"En la escala de la masa y el volumen, el hombre no es nada: ínfima mota de polvo en un espacio sin límite. Pero según el criterio, mucho más significativo, de la organización, se sitúa muy alto. Nuestro conocimiento indica que ocupa el escalón más elevado, aquel desde donde puede ver el universo y plantear preguntas acerca de su origen y su porvenir. Nadie antes que nosotros –por lo menos en este planeta– ha podido acceder a esas preguntas."*

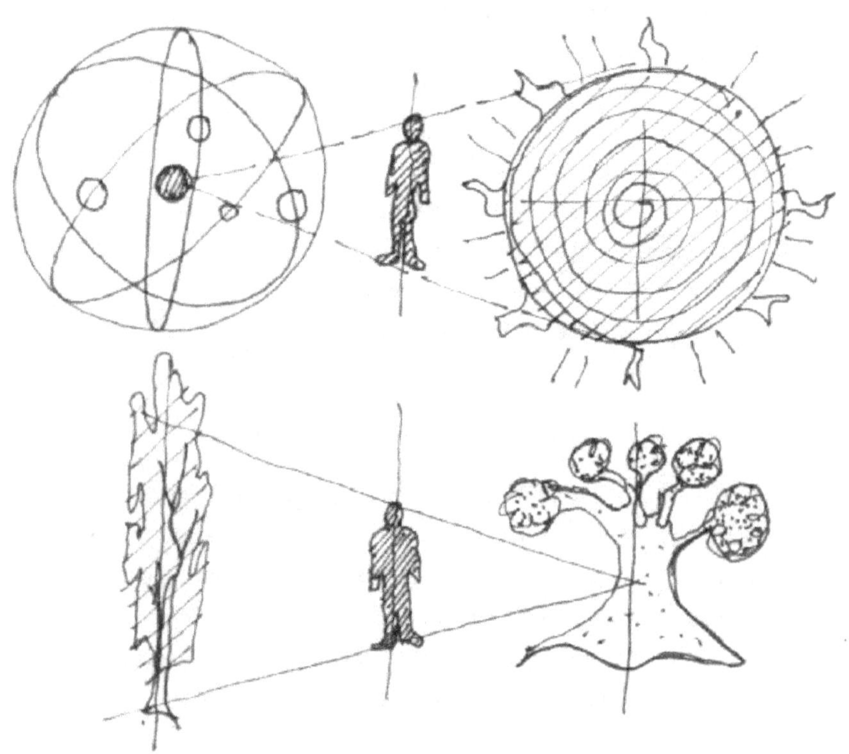

Hagamos ahora un par de reflexiones que tienen que ver con el tamaño y las estructuras arquitectónicas: por lo pronto, sabemos que el costo de una estructura, crece, igual que el Momento de las zonas de flexión, con el cuadrado de la luz.

En general, igual que en la Naturaleza, en las estructuras (que aquí pueden ser arquitectónicas o mecánicas), la complejidad aumenta con el tamaño.

El destacado ingeniero estructuralista italiano Luis Nervi ha dicho al respecto:

*"Me parece oportuno recordar que, con demasiada frecuencia, profanos, y también arquitectos y críticos, piensan que con cuidadosos cálculos de estabilidad, gran empleo del acero y del hormigón, no existen limitaciones para las audacias constructivas. La realidad técnica –apenas se quiera profundizar– demuestra por el contrario, que a medida que avanzamos, surgen nuevas dificultades que son inherentes al **aumento de las dimensiones** y que querer hacer saltos demasiado bruscos no es audacia sino temeridad. Temeridad de la cual, muy a menudo aparecen proyectos que por la autoridad de sus autores, confunden las ideas y son contraproducentes para el natural progreso de la técnica constructiva."*

"A pesar de que proyecteis correctamente, la Naturaleza intervendrá siempre en última instancia, corrigiendo con más talento que todas vuestras previsiones."

Ing. Francisco Hennebique, citado por el Arq. Alberto Prebisch.

En los relatos terroríficos, muchas veces aparecen insectos gigantes: por ejemplo el tema hace ver la capacidad de una hormiga de trasladar cargas muy superiores a su propio peso. Entonces el escritor de ciencia-ficción, agranda el insecto a la escala de un hombre, y esa hormiga puede levantar, en su estado actual, alguna tonelada; si fuera una pulga, con el mismo razonamiento podría saltar 100 metros.

Nada de esto es posible en virtud de la ley expuesta por Galileo hace muchos años:

"La superficie de la cara de un cubo crece como el cuadrado o potencia segunda de la longitud de la arista, mientras el volumen crece como el cubo o la tercera potencia."

El volumen crece mucho más rápidamente que la superficie. Esto sirve para cualquier volumen geométrico, cubo, esfera, tetraedro, etc. y para cualquier cuerpo irregular siempre que al crecer conserve sus proporciones. Esto tiene gran importancia en la ingeniería estructural, como es obvio, pues cualquier cuerpo animado o inanimado tendrá propiedades que dependen de su volumen y otras de su superficie. En un cubo sustentado sobre una de sus caras, al crecer la arista, el volumen y el peso, aumentarán más rápidamente que la superficie de contacto, debido a lo cual aumentará la tensión en el apoyo. Si el cubo sigue agrandándose, la tensión de contacto seguirá creciendo hasta que llegue a ser tan grande que la materia se desintegre al romperse las ataduras químicas de átomos y moléculas. Cuanto más resistente sea una sustancia, más podrá crecer antes que se alcance ese punto crítico, pero para todas las sustancias acabará por alcanzarse. En un campo gravitatorio dado, hay un tamaño dado para los cubos de cualquier materia.

Suponiendo que ese cubo creciera dentro de una nave espacial, donde la gravedad no existiera, desarrollaría en su interior su propio campo gravitatorio, y tendería a adoptar formas de mínima energía, tales como esferoides o elipsoides.

No sólo el soporte depende del tamaño: hay otras propiedades que también dependen del **tamaño justo**. Por ejemplo la cantidad de calor producido por las reacciones químicas dentro del organismo depende del peso del tejido, y éste de su volumen. La cantidad de calor perdido depende, en términos generales, de la superficie exterior del animal. Cuanto más grande sea éste, más calor retendrá ya que la producción crecerá más que la pérdida. En general, y a igualdad de otras condiciones, un animal chico necesita de un metabolismo más rápido que uno grande (el picaflor y el elefante). En las regiones polares, donde debe conservarse el calor, convienen animales grandes: osos, elefantes marinos, morsas, ballenas.

El tamaño y la forma coinciden para el mismo fin.
Los peces y los pájaros han adquirido formas ahusadas, fusiformes, a fin de mejorar su penetración y hacer más fáciles y fluidos sus movimientos, más "económicos" y esta experiencia nos ha facilitado la creación de nuestros automóviles, aviones y barcos. Del mismo modo, las observaciones acerca del tamaño y de la forma, nos deben hacer considerar la importancia de estos factores a fin de orientar el diseño desde la óptica energética, siempre con fines de ahorro y conservación.

Trabajando con escalas: un obelisco 3 veces mayor en escala, ocupa una base 9 veces mayor en área y encierra un volumen (proporcional al área por la altura) 27 veces mayor al que encierra el de menor escala. Partiendo de la presión, (o la fuerza de compresión a la que se haya sometido la base) y dividiendo el peso total de la estructura por el área de su base, y si ambas estructuras estuviesen compuestas por los mismos materiales (o por materiales de la misma densidad), la estructura mayor experimentaría el triple

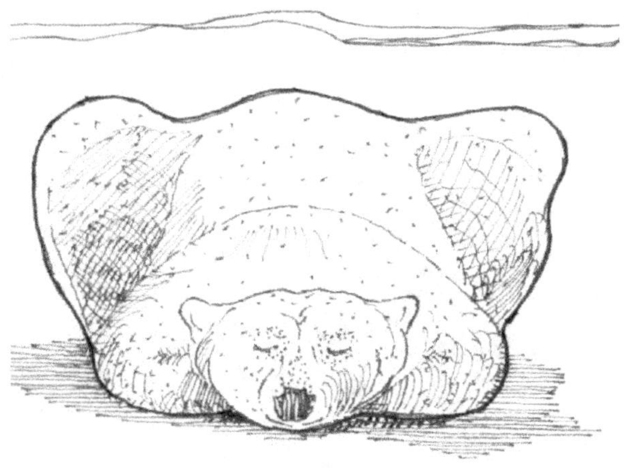

de fuerza de compresión que la experimentada por una estructura similar de escala 1/3 con respecto a ésta.

En este caso particular, si el obelisco fuera de piedra, la fuerza de compresión más alta aplicada en la estructura mayor tendría efectos nimios en la seguridad del obelisco, ya que la piedra es muy resistente a la compresión.

"Pero esta gran presión actuando en el terreno situado bajo el obelisco mayor, resultaría muy crítica para su estabilidad."

de ROBERT MARK:
Tecnología arquitectónica
hasta la revolución científica.

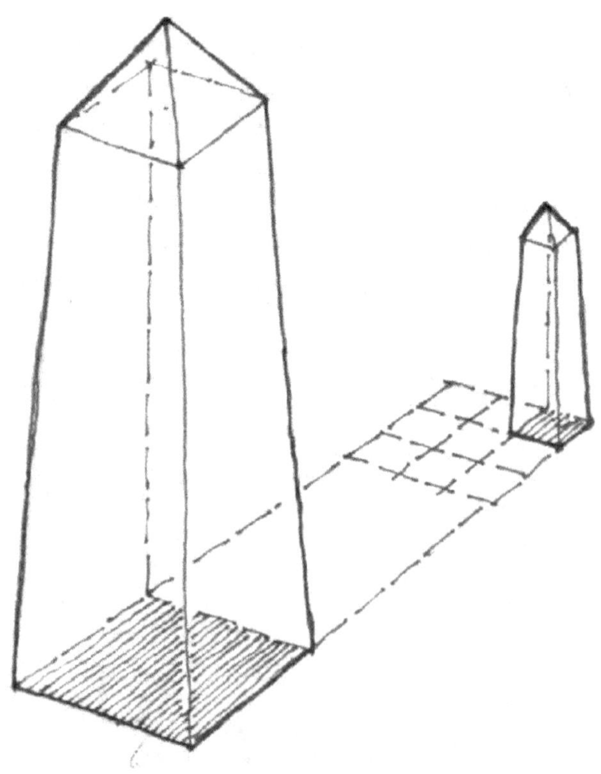

El Polifuncional Mundo del Hexágono

"La vida trabaja sin descanso desde hace más de 2.700 millones de años, razón de más para que todo sistema, estructura estética o mecanismo salido de la cadena de montaje del taller de la Naturaleza, supere en mucho lo creado por el hombre."

PEDRO LOZANO CRESPO.

La geometría no existe en la Naturaleza; es un invento de los hombres. Eso es lo que nos han enseñado.

Existen, sin embargo, ciertos lugares donde la Naturaleza y la geometría concurren; se acercan mucho, se tocan por los codos, casi se dan un abrazo. El del hexágono, es uno de aquellos sitios.

La materia sin vida, el hielo, el agua, son capaces de adoptar formas regulares, pero siempre las mismas, sobre un mismo patrón hexagonal. El patrón hexagonal tiene que ver con la energía, con la menor cantidad de material El hexágono, como sabemos está "armado" por la contiguidad de seis triángulos equiláteros.

Es, al plano de dos dimensiones, lo que el tetraedro al espacio de tres. Y este tetraedro, su primo, también puede corporizarse con la elevación de un triángulo mayor prudentemente plegado en cuatro triángulos menores. El hexágono, es una de las tres figuras, junto al triángulo y al cuadrado, que completan el plano sin dejar intersticios entre ellos. Pero el hexágono es, entre los tres, el que encierra mayor superficie con el menor perímetro, o sea, sería la forma de corral que adoptaría un campesino que quisiera tener muchos corrales en la menor cantidad de terreno, de modo de gastar la menor cantidad de alambres y de postes. Esta cualidad lo destaca, a la hora en que la Naturaleza ejerce alguna de sus acciones que tienen que ver con el **ahorro de energía**.

Así, es obvio señalar que abejas y avispas, forman sus celdas contenedoras, con paralelepípedos de planta hexagonal, que ocupan la totalidad del espacio construido, con la menor cantidad de material, la mayor capacidad de contención y con excelentes condiciones de resistencia.

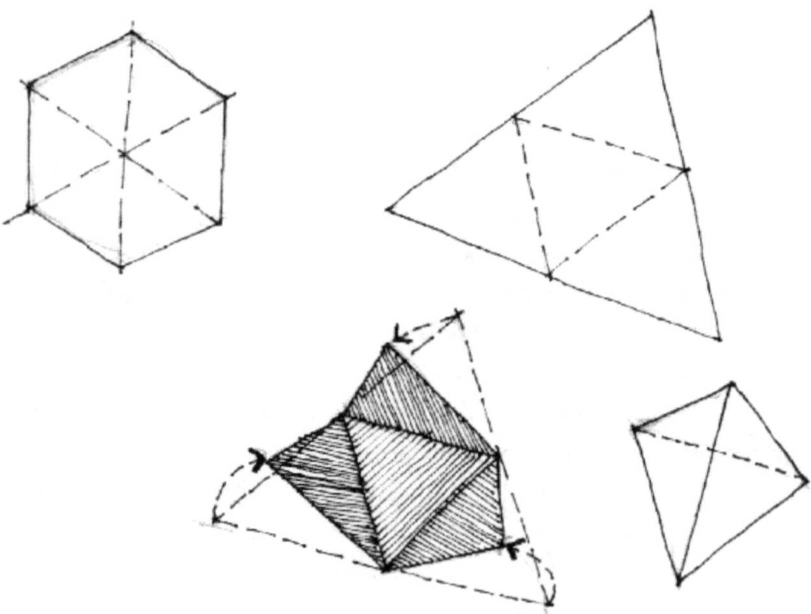

Si depositamos con mucho cuidado una gota de leche fría en el centro de un pocillo de café muy caliente, podremos observar que la gota –por diferencia de densidad– se hunde rápidamente hasta llegar al fondo; en ese momento, en condiciones ideales de temperatura y reposo, se dividirá y adoptando un patrón hexagonal ascenderá diluyéndose en el café.

Cuando viajamos en avión, y nuestro vuelo, hasta un cierto momento calmo y placentero, se convierte en una sucesión de movimientos y saltos, y el comandante del avión nos advierte que debemos usar los cinturones de seguridad porque atravesamos una zona de turbulencias, en realidad lo que está pasando es lo siguiente:

La atmósfera es una masa gaseosa siempre dinámica, en acuerdo con las leyes de movimiento de fluidos. A veces, cuando la temperatura de los suelos aumenta por acción de la radiación solar, (el color, la vegetación, las masas de agua también influyen) las capas de aire próximas al terreno se calientan, disminuyen su densidad y tienden a ascender.

Este ascenso de masas de aire entibiadas, muy conocidas por los pájaros y los volovelistas, va subiendo y rotando ligeramente, con mayor o menor velocidad en función de las diferencias de temperatura. Naturalmente, el vacío que produce su ascenso, es ocupado por corrientes de aire más frío que concurre a la base de estas columnas. Esta masa gaseosa, en parte proviene de estratos altos de ese aire que antes dijimos que ascendía, y que ha perdido su temperatura; se produce entonces una corriente convectiva de aire caliente que sube y aire frío que baja. Estas "columnas" o "tubos" se distribuyen en horizontal también con un patrón hexagonal, de manera de "ahorrar" energía (siempre la Naturaleza ahorra energía) pues cada columna o tubo (por ser aproximadamente hexagonales), encierra la mayor sección (mayor cantidad de aire en movimiento) con un perímetro que presenta la menor superficie de roce con respecto a las columnas vecinas donde el fluido va en dirección contraria. Hasta aquí, una descripción muy elemental y rudimentaria de cómo se producen las corrientes "térmicas", que así se llaman.

En este punto, y apartándonos del estudio del hexágono, deberíamos reflexionar sobre si no será un punto interesante para estudiar los recursos de la Naturaleza, y se nos ocurre que si los aviones tuvieran una cierta flexibilidad en las alas, controladas por ordenadores que adapten rápidamente

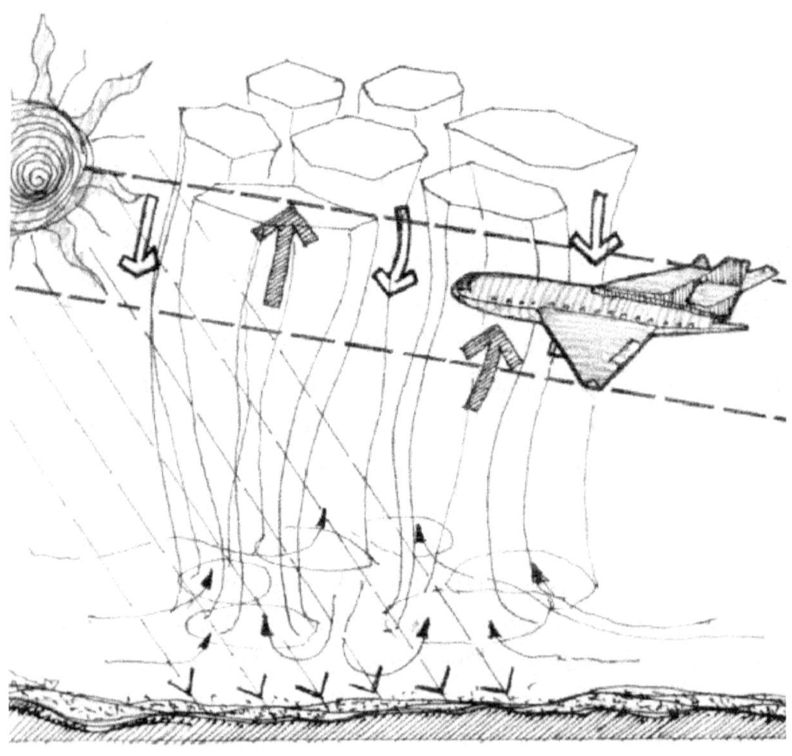

éstas para que entren "en pérdida" tanto hacia arriba como hacia abajo (¿). Leonardo ¡cuando no!, ya anduvo en estos menesteres... Es sin duda trabajo para un estudio de biónica sobre el vuelo de las águilas u otras aves planeadoras. De allí también podrían requerirse datos de la conformación de las alas, de la extraordinaria relación peso-resistencia del hueso largo de las alas, etc. Otro punto puede ser el mejoramiento de los flaps, o alerones, que modifican el perfil del ala del avión, sobre todo del borde de ataque, estudiando lo que sería el dedo "pulgar" de la conformación estructural pentámera del ala de las aves, protuberancia emplumada que se llama **el álula**, que tiene precisamente la misión de modificar el borde anterior o de ataque.

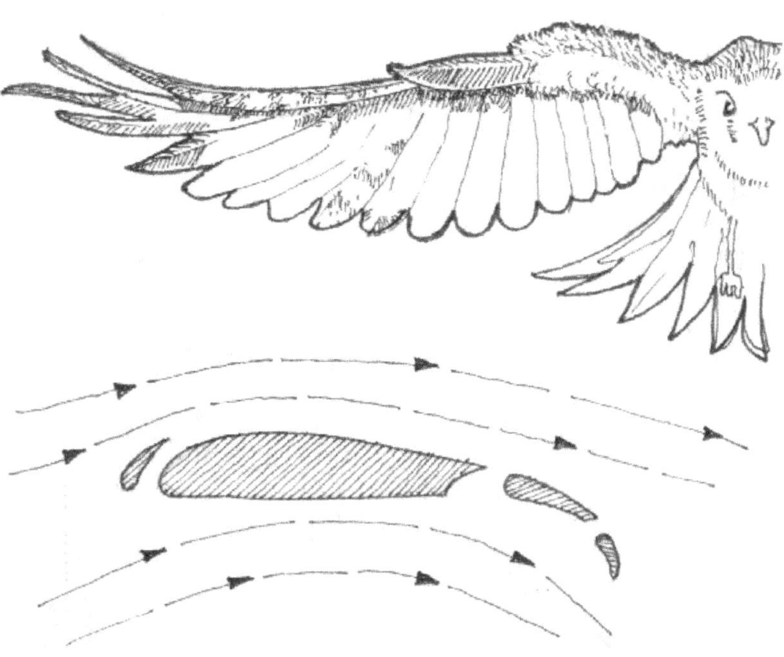

Cuando plantamos naranjos en el modo de ocupación del suelo llamado "tresbolillo", sabemos que lo hacemos porque ocupamos más densamente el terreno que si plantamos esos mismos arbolitos en forma ortogonal. Al tresbolillo, las filas se van alternando entre el hueco de la anterior y la sucesiva, manteniendo la distancia entre las plantas, con lo cual estamos plantando sobre un patrón triangular o hexagonal. Plantaremos así, sobre un mismo terreno, un 25% más de árboles. Aquí también, el hexágono revela su condición de ser la más "económica" forma de partir el plano, por ser la figura de lados rectos de mayor superficie y menor perímetro.

Y con este mismo planteo de ocupación del suelo, podemos observar: —si bien con bastante elasticidad, porque hay otras varias causas que pueden alterar estas distancias— lo siguiente:

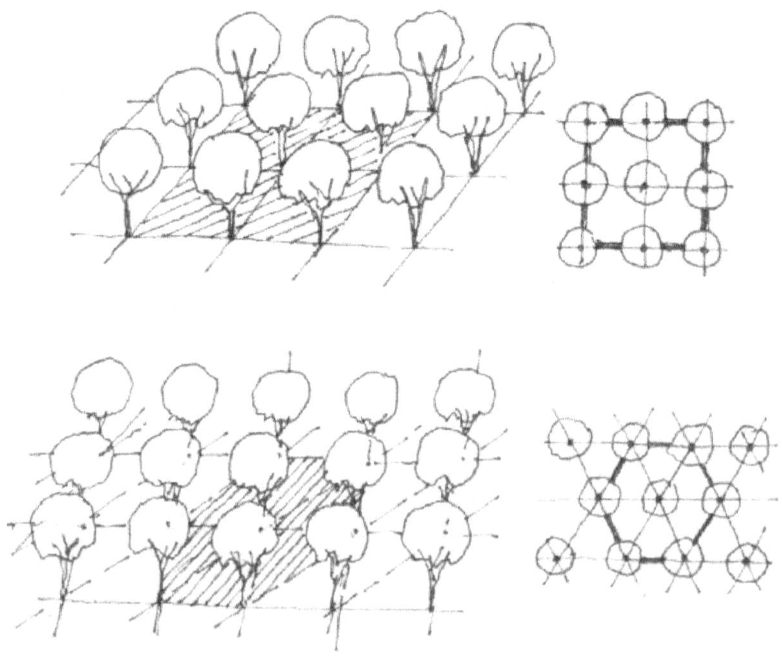

A medida que llegan los bañistas a la playa, se van distribuyendo sobre la misma, con sus bártulos, sombrillas, reposeras, etc. formando grupos en vértices de triángulos que tienden a ser equiláteros, con lados menores a medida que crece la ocupación. Las causas que pueden distorsionar éste planteo teórico, pueden ser las bondades visuales que se aprecien más en alguno que otro sitio, la afinidad de los grupos, la cantidad de integrantes de los mismos, etc. Reconozco que este planteo puede tener implicancias más importantes, en cuestiones sociológicas como las que muestra HALL en su libro "La dimensión perdida".

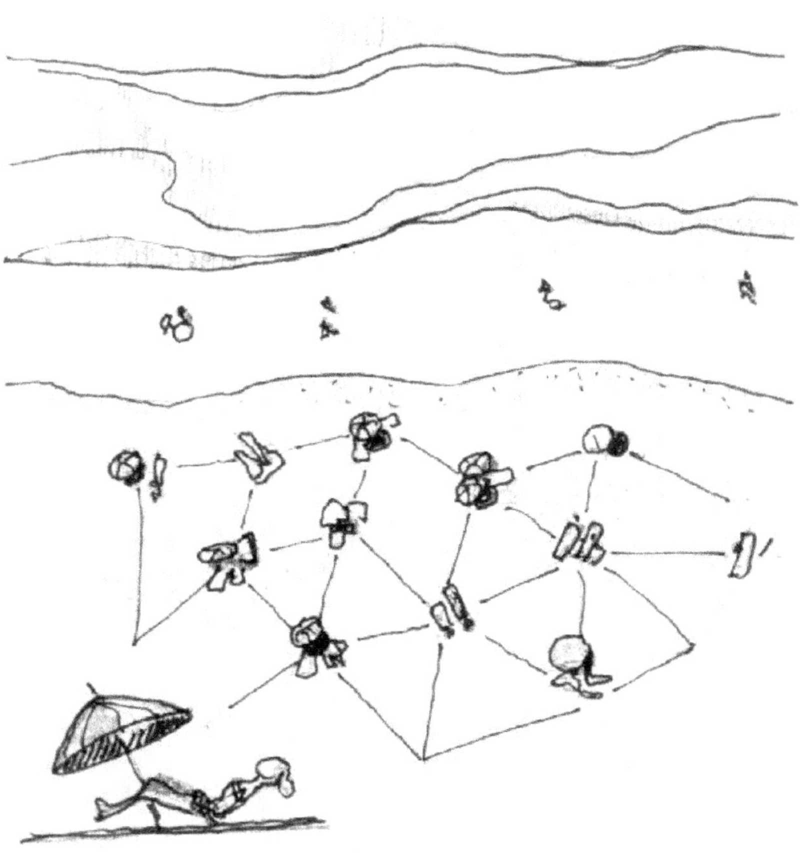

La Casita del Caracol

"La Naturaleza es admirable en todas partes, desde el Zodíaco
hasta mis caracoles. La Naturaleza está furiosamente descon-
certada desde que corté la cabeza a unos caracoles y vi volver
a crecer dichas cabezas. Desde San Dionisio que no se había
visto nada más maravilloso."

VOLTAIRE.

La casa del caracol, es una casa "progresiva". Progresiva se usa aquí como para expresar que la casa se agranda a medida que hace falta más espacio. Que es precisamente lo que le ocurre al caracol cuando crece. En realidad en esta parte de nuestro relato, nos vamos a ocupar sólo de la casa, la concha o la carcasa donde habita este "molusco gasterópodo de concha revuelta en hélices" como dice el Diccionario.

Se dice que esta casa se desarrolla sobre un patrón en espiral. Esta espiral debe ser una espiral continua, no puede ser una espiral de tres o cuatro centros, dibujada con arcos de círculo. ¿Y por qué estoy seguro de que esta espiral debe ser continua, o sea que sus centros de giro y sus radios sean continuamente variables? Simplemente porque el caracol, y lo que él fabrica, es un producto Natural, y se sabe que "La Naturaleza no da saltos".

Puede tratarse, y es casi seguro que así sea, que estemos frente a una **espiral logarítmica**, llamada La curva de la vida. Esta espiral tiene la propiedad de que a medida que nos acercamos a su centro, el espacio que tiene el molusco es cada vez más chico; pero tiene también la propiedad de que por más que se acerque, nunca pasará por el punto de origen, el espacio nunca será nulo, de forma que puede pensarse que allí se aloja "El germen de la vida".

Le Corbusier ha dicho que:

"La primer manifestación de un ser vivo es ocupar espacio."

Cuando el caracol rompe el huevo y nace –los huevos son esféricos, recubiertos por una capa calcárea bastante dura, y bastante grandes en relación al tamaño del caracol (5 a 6 mm de diámetro)– comienza inmediatamente su proceso de crecimiento. En este momento, el momento de la segmentación, posee la cualidad de desarrollar su concha en forma pareja de ambos lados, con lo cual se formaría una especie de rollo. Pero en el mismo momento del nacimiento, uno de sus sistemas de crecimiento se atrofia, y se desarrolla de un solo lado, y eso hace que toda su concha se incline hacia

una de las bandas y adquiera la forma que le es característica. Aquí sobrevienen varios interrogantes: ¿Es el caracol siempre dextrógiro? Dextrógiro quiere decir que gira hacia la derecha si uno los mira desde arriba. Por ejemplo, un tirabuzón es levógiro, pues mirándolo desde la empuñadura, su espiral crece girando en sentido contrario a las agujas del reloj.

Vuelvo otra vez a la pregunta: Los caracoles, ¿son siempre dextrógiros? ¿O habrá caracoles con espirales de mano derecha y de mano izquierda?

¿Tendrá que ver su conformación con su ubicación, que sean caracoles del hemisferio Norte o del hemisferio Sud? Por aquello de las fuerzas de Coriolis, que hace que los vórtices de los desagües giren en uno u otro sentido según la latitud. (¿)

Gran parte de nuestra vida, está signada por movimientos de rotación. Cuando revolvemos el café para que el azúcar se diluya, cuando introducimos la llave en la cerradura y la hacemos girar, luego cuando empujamos la puerta y ésta rota sobre sus bisagras, cuando columpiamos a nuestros nietos en la hamaca del jardín, aún cuando damos vuelta la página del diario o activamos el dial de la radio, estamos en todos estos casos en realidad produciendo cuplas o pares de fuerza que tienen como respuesta esos movimientos.

A veces, cuando tratamos de descorchar una botella, al movimiento giratorio se suma otro de traslación a lo largo de la espira del sacacorchos. Éste, para comenzar a cumplir su cometido, se hinca y avanza en el tapón girando en sentido de las agujas del reloj. Se llama, por convención, a esta forma de giro, una rotación dextrógira (¹). Si el sentido se invierte, se tratará de un giro levógiro (²).

---

(1) Del latín Dexter, hacia la derecha.
(2) Del latín Laevus, hacia la izquierda.

A nuestro alrededor, como un valet sabiamente orquestado, casi todas las cosas giran: giran nuestros cabellos y los cuernos del carnero a medida que crecen; los eucaliptus a medida que se elevan, los enormes y aterradores vórtices de las tormentas y el pequeño vórtice del desagüe del lavabo. Incidentalmente, debo decir que la diferencia que existe entre un pelo lacio y uno rizado, estriba en la forma de la sección de ese cabello: en el lacio, el corte o sección es de un tubo circular; en el caso del pelo rizado, un tubo de sección elíptica o circular aplastada.

Los arquitectos, cuando especificamos el sentido de giro de una puerta, nos paramos delante de ella, y haciéndola abrir "hacia afuera" empujándola desde el picaporte, fijamos su "mano" según el desplazamiento de la misma. Si va hacia la derecha, será de "mano derecha" y si va hacia la izquierda, será de "mano izquierda". El giro será dextrógiro o levógiro, giro sin avance en este caso, no como en el caso del sacacorchos.

Cuando nos planteamos en nuestro proyecto usar una escalera de caracol, posiblemente hayamos llegado a esta solución después de haber evaluado algunas variantes. Convengamos que una escalera de estas características tiene valores positivos y negativos. Es positiva su síntesis formal, que la con- vierte en una escultura, su compacidad espacial que la hace muy ahorrativa en superficie ocupada, su simplicidad constructiva que permite su prefabri- cación al tener casi todos sus elementos iguales; es un valor negativo, su relativa incomodidad de uso. Pero sin embargo tiene su importancia. Debemos reconocer que el hombre, con respecto a su eje vertical es simétri- co, pero no demasiado... Su lado derecho, su brazo y su mano en especial, están en general más adiestrados (nótese que la palabra adiestrado viene de diestro, derecho). Es más hábil, maneja mejor su derecha, la usa para el lápiz y la cuchara. Esto no es una regla general, hay personas ambidiestras y las hay siniestras (este vocablo referido sólo al uso de las manos).
En el medioevo, en las escaleras se planteaban otras necesidades: una de ellas era la posibilidad de defensa. Y esa es la razón por la cual una "escale- ra de caracol" pensada para la defensa de un piso superior, será de mano

dextrógira. El atacante, (se supone que viene del exterior y debe subir) con el eje de la escalera sobre el mismo lado con que debe mover la espada, y a la vez debiendo ascender, se verá muy embarazado. El defensor tendrá a su favor, la posición inferior de su rival, más la facilidad para atacarlo con su espada en la diestra y la posibilidad de tomarse con la izquierda del eje de la escalera. Si uno se detiene a observar las escaleras de castillos y fortalezas, encontrará que la mayoría de ellas responden a este patrón. El estudio de la Naturaleza y de la mecánica orgánica del hombre, ha incidido en forma decisiva en el diseño arquitectónico. Podríamos decir aquí también que la Naturaleza ha contribuido en un diseño.

Una pregunta más: ¿con qué mano tejen las arañas su tela, qué es una espiral?

La Simetría

"¡Tigre, tigre! Fulgor llameante/ En los bosques de la noche/

¿Qué inmortal mano u ojo/ pudo trazar tu pavorosa simetría?"

WILLIAM BLAKE.

"Esto es lo que llama ad pondus

Nuestro Galeno, y del consta

La igualdad y Simetría

Saludable y deleitosa."

TIRSO DE MOLINA.

Simetría, del latín Symetría, proporción adecuada de las partes de un todo entre sí y con el todo mismo. Según la geometría, es la armonía de posición de las partes o puntos similares unos respecto de otros, y con referencia a un punto, línea o plano determinado.

En la Naturaleza, la simetría total no existe, es una cosa relativa. El desarrollo del feto debe atenerse a los axiomas o postulados establecidos en el ADN o en algún otro sitio. En ese contexto, los fenómenos de la simetría y la asimetría son un buen coto de caza para investigar.

Estudiando la embriología de los anfibios, se examinan algunos fenómenos conectados con la simetría del huevo de la rana. Y lo que se sabe de la rana es probablemente válido para todos los vertebrados.

El renacuajo es marcadamente asimétrico en su anatomía endodérmica. Como casi todos los vertebrados, la rana es casi exactamente simétrica en su ectodermo (piel, cerebro, ojos), y mesodermo (esqueleto y músculos del esqueleto), pero groseramente asimétrica en su interior (tracto digestivo, hígado, páncreas, etc.). Si se observa el vientre de un renacuajo, se verán claramente, a través de la piel, las tripas enroscadas en una gran espiral. También en ellas, pero con mucha infrecuencia, se produce el *situs inversus*. En la especie humana, ocurre en uno por un millón. Son individuos exteriormente iguales a los demás, pero en su interior están invertidos. No se sabe porqué. La simetría bilateral del cuerpo humano no es más que relativa y general. En primer lugar, faltan a ella varias vísceras, como el hígado, el estómago, el corazón, el páncreas y el bazo.

Además hay asimetrías en dimensiones y pesos de órganos homólogos, como en funcionamiento. De esta última la más frecuente es la de diestros y zurdos. Se determina que hay más zurdos por el esqueleto que por la habilidad comparativa de las manos. Las asimetrías esqueléticas musculares y fisonómicas, no pueden considerarse como degenerativas sino debidas a la herencia de andar erguidos. El 80% de las personas tenemos los brazos desiguales, en general más largos del lado derecho, por término medio de 8 mm pero que puede llegar a los 22 mm. Esta desigualdad ya existía en los neolíticos europeos y en los varones egipcios. No aparecen sin embargo, en el feto o en los recién nacidos.

También ocurre asimetría en las piernas, donde generalmente la izquierda es más larga, y esta mayor longitud, se debe a la tibia, y al fémur. Este cruzamiento de asimetrías, concuerda con la oscilación de los brazos al andar, es decir el avance del brazo derecho al adelantar la pierna izquierda. Hay también asimetrías en la columna vertebral, en la pelvis, el tórax y los hombros.

Explicar el predominio derecho por el uso, resulta infundado, como atribuirlo a la educación, a costumbres heredadas, etc. El zurdo lo es de nacimiento. La opinión más probable, la causa directa se ha de buscar en el predominio del hemisferio cerebral izquierdo, (aunque ni el peso ni la topografía externa lo hayan comprobado) pero que se puede comprender por estar mejor irrigado de sangre. Aquí concurren la asimetría del corazón y la posición de los grandes vasos, con el ángulo más favorecido para la carótida izquierda.

Todo ello puede interpretarse como una consecuencia de la posición vertical del cuerpo.

También hay asimetrías de la cabeza, sobre todo de la cara y más particularmente de la nariz. De las asimetrías faciales, se ha hecho responsable a la posición de la cabeza en el último período intrauterino.

También sus destrezas son distintas, tal vez no sólo por alguna cosa orgánica, sino por una persistencia cultural que viene de muy lejos, o por la supremacía de un hemisferio cerebral sobre otro. Hay más hombres diestros en el uso de la mano derecha, para escribir, para usar herramientas, para usar la espada o el arma de fuego.

La espada siempre colgó de una bandolera –el tahalí– en el lado izquierdo de la cintura, permitiendo que la mano derecha la empuñara para desenvainarla con comodidad y premura.

Si caminamos por un sendero, con un precipicio al lado, o guiamos un automóvil, notamos diferencia cuando tenemos el vacío a la derecha o a la izquierda. De hecho, la fuerza y la habilidad de la mano derecha es diferente de la izquierda. El militar lleva la espada a la izquierda por igual razón. Los operarios llevan sus herramientas de forma característica, y lo mismo ocurre con los cubiertos en la mesa.

Adolf Loos y Bernardo Rudofsky, han tratado con humor la camisa de fuerza de la simetría del calzado y el vestido en relación con la figura humana.

Estas consideraciones sirven para pensar el arreglo del mobiliario de un escritorio en una habitación: Con la ventana de la derecha o con el espacio libre delante o detrás de la persona, etc. En el dormitorio por ejemplo, el primer objetivo puede ser la renovación del aire fresco por las ventanas bien colocadas; hay además varios objetos que deseamos tener a mano.

Santo Tomás de Aquino escribió:

> *"Los sentidos se deleitan en cosas debidamente proporcionadas como en algo análogo a ellos mismos; pero también el sentido es una especie de razón como lo son todos los poderes cognoscitivos."*

Un viajero que al desembarcar en una isla desierta descubriese al explorarla, una avenida trazada en línea recta o una arboleda en tresbolillo, sabría de inmediato que antiguamente la isla fue habitada por el hombre. Para acusar su presencia en medio de la Naturaleza, para imprimirle el sello de su pensamiento, el hombre no tiene otro medio que introducir en ella alguna simetría, o al menos, cierta geometría, vale decir, un poco de ese orden regular cuya imagen representa el mismo, en medio de la creación. Si en los diseños naturales hay una cierta simetría, ésta es absolutamente vedada a nuestros ojos humanos. No se muestra en el cielo, ni aparece en la selva, ni en los perfiles de la montaña, ni en el curso de los ríos.

Sin embargo, en el seno de ese "desorden" aparente, un orden se fue constituyendo, llegando a brillar en la arquitectura del cuerpo humano donde el orden, la simetría, la proporción se han convertido en el emblema de la inteligencia, y en cierto modo en el signo exterior de la razón.

El hombre, llegado a la tierra, no tardó en imprimir su sello en la Naturaleza entera. Reconoció la posibilidad de poner en el mundo el orden que había en él: desplazó las montañas, contuvo los océanos, en sus costas, desvió los ríos, puso diques, transplantó árboles.

Pero como tampoco él ni su cuerpo son completamente simétricos, el hombre introduce a un tiempo la simetría y el contraste, la regularidad y lo imprevisto.

La simetría en la arquitectura es una condición que si bien fue en la antigüedad una condición de lo bello, fue dejada de lado por la libertad de las ideas modernas.

Semejantes en ésto a los cuerpos humanos, sólo simétricos en lo exterior, los monumentos arquitectónicos poseían una doble vida o un doble aspecto. Exteriormente, los edificios eran regulares y simétricos, pero de acuerdo a la simetría humana, de izquierda a derecha, y no de abajo a arriba ni de la parte anterior a la posterior.

Su relación con lo social, se manifestaba por las aberturas, puertas y ventanas equivalentes a los ojos y oídos de sus habitantes. Su entrada se hallaba en el eje del edificio, tal como está la boca, en la línea central que divide el rostro.

Tenían formas angulares o redondeadas, según su erección fuera con miras a expresar ideas de virilidad (masculinas) o de gracia (femeninas) (¿)

En su interior, al contrario, el edificio se liberaba de esta exigencia; habrá, como en el cuerpo humano, dimensiones desiguales, formas irregulares y disparidades, que constituirán la libertad y el carácter individual del edificio. Naturalmente, también se construian —y se construyen— edificios y monumentos regidos por ejes de simetría interior: una sala de espectáculos, un circo, una cámara de deliberaciones parlamentarias, se hallan sometidas a leyes de regularidad geométrica tanto interior como exteriormente. Y esta doble simetría de la que pudo eximirse el templo antiguo a cuyo interior no acudía la muchedumbre es indispensable a la iglesia cristiana, porque el pueblo se concentra en el eje del edificio.

En diseño gráfico, las compaginaciones simétricas y equilibradas han conocido el éxito. El gran clásico del género era el diario New York Times, en 1945. Se trataba de obtener un equilibrio perfecto a ambos lados de un eje; en 1965, aún mantenía esa tesitura, que le daba gran claridad en el aspecto general. La simetría de la primera plana siempre atrae a los lectores de los periódicos serios (¿) ya que proporciona el medio de organizar racionalmente las informaciones más heterogéneas, y corresponde a una profunda necesidad de equilibrio.

Aquí y ahora, enfrentamos los diseñadores un amplio y abundante campo de investigación, pues la educación sobre todo, ha roto con los tabúes de uso de la mano derecha. Hoy por hoy a los niños ya no se los obliga a escribir con la diestra como antaño, y esto ha puesto en evidencia una multiplicidad de pequeños y no tanto, problemas que tienen que ver con la ausencia de herramientas, útiles, enseres en general, pensados sólo para diestros.

Las mesitas adheridas a las sillas de las salas de conferencias, las bandejas de alimentos que nos sirven en el avión, la disposición del ratón (mouse) de la computadora, manijas, asas, herramientas, merecen ser repensadas, encaminadas a un mundo por lo menos ambidextro.

Tensión

"Ninguna cosa viva carece de tensión."

WOLFIN

"La bóveda nunca duerme."

dicho árabe citado por
el Arq. EDUARDO SACRISTE

Como un ejemplo de tensión fácilmente visible en las obras de arquitectura, vamos a dar dos ejemplos: el primero es la Serifa, o Mudhifs, de Irak. Esta estructura, según Sir LEONARD WOOLLEY, se remonta a la época de los sumerios. Ver: Casas y Templos, EDUARDO SACRISTE, Ediciones Previas, EUDEBA, 1990).

Para ejecutar una Serifa, se usan cañas del grupo Phragmite Communis, de 6 m de largo y unos 4 cm de diámetro. Con estas cañas se hacen atados que a veces tienen en la base hasta 75 cm de diámetro. Estos haces terminan en forma puntiaguda. Se los entierra más o menos 80 cm y en forma inclinada divergente. Cuando se los une por su parte superior, quedan en tensión, y definen la forma parabólica. Esta tensión les permitirá soportar los vientos, esfuerzos laterales y las cargas del techado. Armados los arcos, se los une con cabios de aproximadamente 15 cm de diámetro colocados cada 30 cm. Sobre estos cabios irán las esteras, hechas de la misma caña, achatada, que en número de cuatro superpuestas formarán la cubierta.

Otro ejemplo de estructura en tensión: la tienda berebere de Marruecos. La construyen los pueblos transhumantes de las tribus Zemmour. Esta tienda está sometida a extremas inclemencias del tiempo, pues se emplea en el desierto ardiente, o en los montes Atlas, con frío y nieve. Su columna vertebral, consiste en una viga cumbrera ligeramente curvada, soportada por dos pies derechos de sección circular de aproximadamente

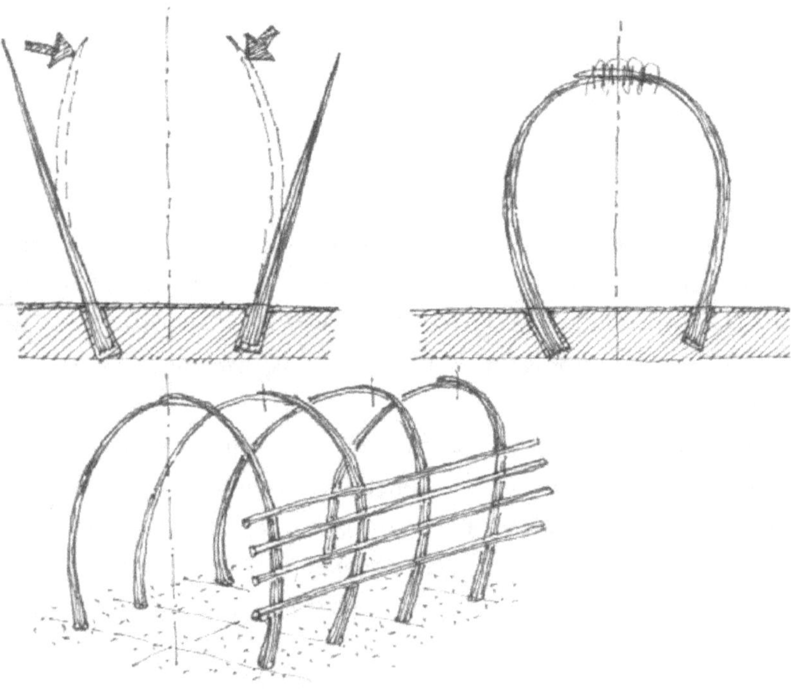

2,60 m de altura. Estos se apoyan sobre piedras o se entierran ligeramente en el suelo. Para dar rigidez a la estructura, se recurre a un ingenioso sistema que consiste en una faja de tela tejida, bien estirada –puesta en tensión– de 20 a 40 cm de ancho colocada sobre la viga cumbrera, fijada por sus extremos por medio de ganchos de madera o estacas bien enterradas. Para cubrir la tienda se emplea un velo o tela de forma rectangular, formada por una serie de fajas de tela tejidas que se cosen a lo largo entre sí. Ver: Casas y Templos ya citado.

Y generalizando, podemos apreciar que en la totalidad de las estructuras, se generarán siempre tensiones internas en el material, que son las que equilibran las acciones exteriores o cargas que pueden ser techados, sobrecargas, viento, etc. como en el caso de una simple armadura de un techo a dos aguas.

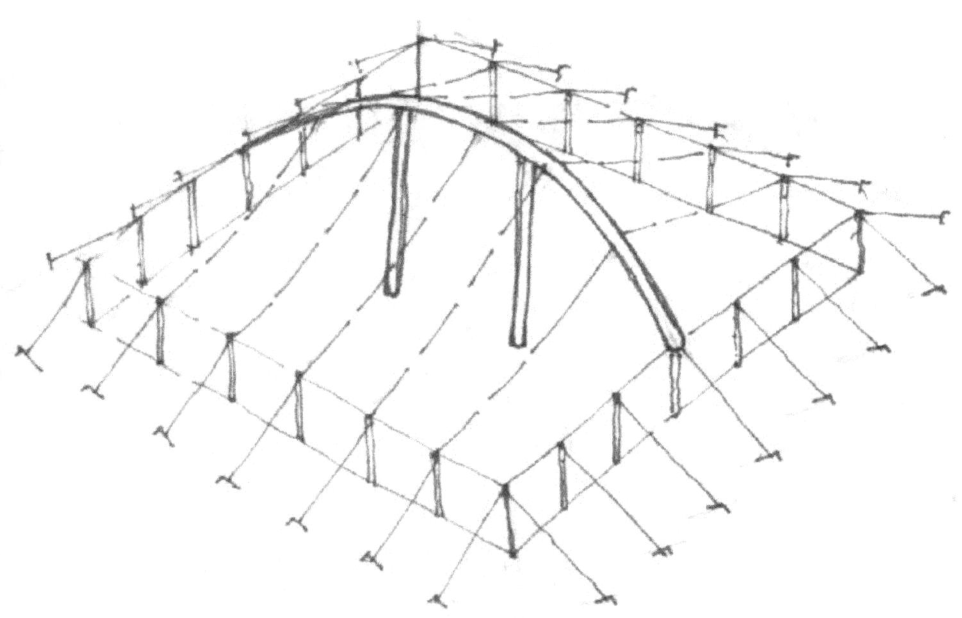

En el interior de un líquido, cada molécula es atraída por todas las demás y por eso se mueven casi libremente como si nadie las atajara o las empujara. Las que están en la superficie, sufren una atracción hacia adentro y hay que gastar energía para que no escapen y se mantengan en la superficie. Por ese motivo, las gotitas tienden a contraerse y toman formas esferoidales.

Sabemos que la tensión superficial hace que en la superficie de los líquidos se desarrolle algo resistente, como si fuera una piel.

Es posible hacer flotar una cajita hecha con alambre de mosquitero previamente parafinado (o siliconado).

¿Cómo se hace para trasvasar líquido de un vaso a una botella de cuello estrecho?: simplemente volcando el líquido ayudado por una varilla de vidrio colocada dentro de la botella. Y esto ya nos anima al diseño: a comprender el dispositivo de la cadena que hace de conductor de agua, desde la canaleta hasta el suelo, en las casas japonesas.

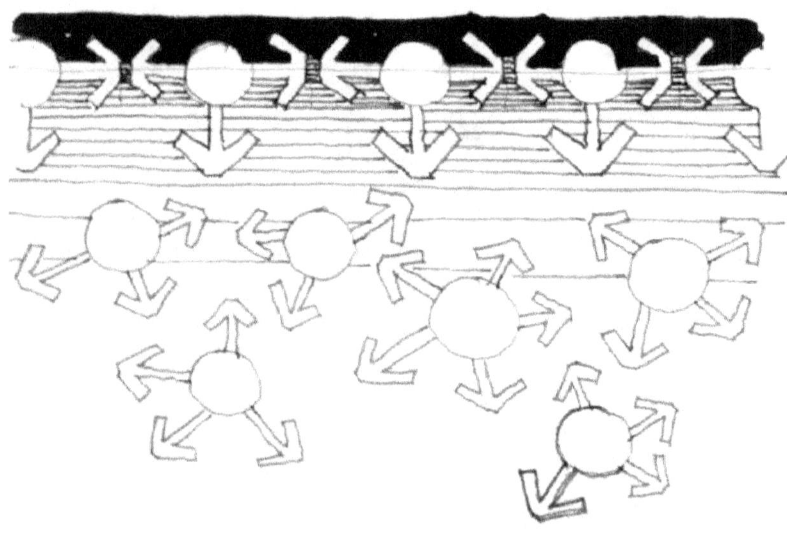

Otra conclusión derivada de la tensión superficial tiene que ver con la física de la capilaridad, y consecuentemente con las humedades, que persiguen a los arquitectos. Distintos líquidos tienen distintas tensiones superficiales, y por ende, sus gotas tienden ser más pequeñas en tamaño absoluto.

Otro tema que tiene que ver con la construcción, es la tensión superficial y el tamaño de las moléculas. Todos sabemos que el kerosén, por ejemplo, y en general los derivados del petróleo, se "escapan" del envase: rebasan el corcho o tapón, "caminan" por el pico, etc. Cuando se los encierra en un depósito, si es de hormigón armado, enlucido con mortero como se hace comúnmente para un depósito de agua, pasa a través de él, pues los canales intermoleculares del hormigón y el enlucido son mayores que el tamaño de la molécula del hidrocarburo.

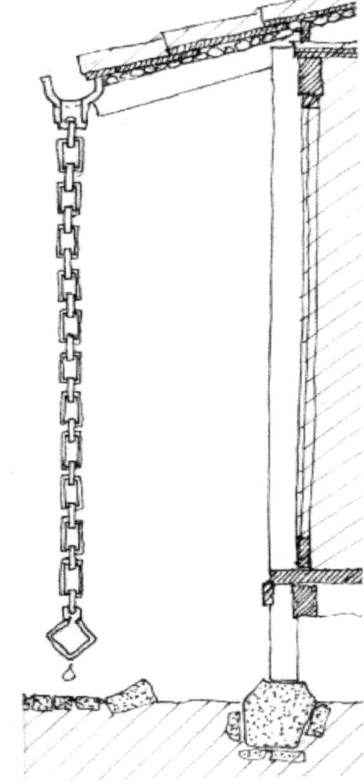

Solución: un depósito con pared doble de hormigón, con agua en el hueco intermedio.

Si se apoyan gotitas de agua sobre una mesa parafinada, observaremos que las más grandes se aplastan o deforman más. Si son extremadamente pequeñas, serán casi perfectamente esféricas. La deformación es directamente proporcional al tamaño; deriva de la relación de fuerzas: tensión superficial /fuerza de gravedad.

El conocimiento de estas leyes, permite la construcción de depósitos esferoidales apoyados, con una mínima cantidad de material, pues la superficie solo tendrá (o casi) tensiones de tracción.

La estabilidad de un animal sobre la superficie del agua, depende también del fenómeno de la tensión superficial y de la razón entre el perímetro de sus patitas y el volumen. En este caso es el perímetro de la superficie de la extremidad mojada. El insecto llamado "el zapatero", tiene en sus patitas vellosidades que impiden que la pata se moje. Incidentalmente, podemos decir que el peso del volumen del agua contenida en la depresión que producen sus patitas, es igual al peso del insecto.

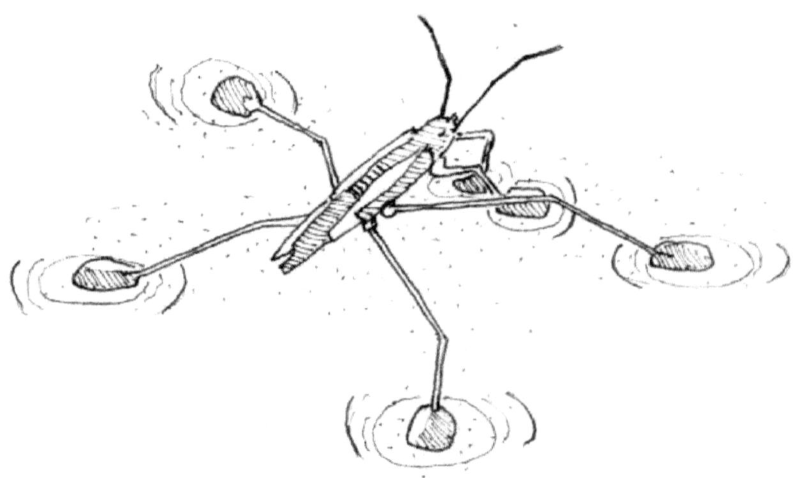

Luces y Sombras

"Arte y arquitectura solo serán posibles cuando el hombre pueda liberarse, no de la máquina, como se repite equivocadamente, sino de otros hombres, pues al fin y al cabo ella no es más que un medio."

Arq. HORACIO CAMINOS 1946

Observemos algunos fenómenos comunes que podemos ver hoy y que sin duda no veían los hombres de principios del siglo pasado.

Uno: estoy lavando el parabrisas curvo de mi automóvil. A pesar de que lo he dejado impecable, en la dirección de sus generatrices rectas, aparecen algunas manchas de aspecto aceitoso, manchas de bordes irregulares, que forman "columnas" a distancias de, más o menos, 15 ó 20 cm.

Dos: caminando mientras miro vidrieras, observo que en algunas de ellas aparecen en ciertos momentos, manchas con patrones de formas irregulares, casi siempre continuas y que presentan los colores del arco iris. La luz que recibe el cristal de la vidriera, procede de algún sitio a mi espalda, y generalmente de arriba.

Tres: la caja de material plástico de un disco compacto, recibe los rayos del sol inclinados sobre su superficie: también allí aparecen formas coloreadas con los tonos del arco iris, formas que cambian, o se desplazan, en la medida en que con un dedo ejerzo presión sobre la tapa. Estos fenómenos no pudieron haber sido observados por hombres del siglo XIX, por varias razones: porque no existían los parabrisas de los automóviles curvados, ni grandes lunas de cristal templado, ni cajas de plástico conformadas de una sola pieza.

Estoy observando, en el enorme laboratorio que es el entorno donde se desarrolla nuestra vida cotidiana, experiencias de luz polarizada.

En las dos primeras, se trata de planos transparentes, donde en su interior se han introducido tensiones (en el caso del parabrisas y la luna-vidriera) por procedimientos térmicos a fin de hacerlos más resistentes. Parte de la luz, cuando incide a una inclinación que se aproxima al ángulo del índice de refringencia, se polariza, penetra en el cristal, se refleja en la superficie de la cara interior y vuelve a emerger, pero en este camino, atraviesa una zona donde el material tiene otras características. Si se trata de los vidrios templados tipo Blindex, en el espesor habrá dos zonas de borde con las moléculas traccionadas y un núcleo trabajando a la compresión. Precisamente estas tensiones, son las que se "ven" en las manchas, como si se tratara de un ensayo de fotoelasticidad. En el caso de la caja del disco compacto, el fenómeno es similar, sólo que las tensiones, bastante aleatorias, se han producido durante el proceso de moldeo, y se trata de tensiones residuales.

¿QUÉ ES LA LUZ POLARIZADA?

Cuando un haz de luz incide sobre una superficie especular (espejo, agua, metal brillante, etc.) es reflejada cumpliendo la ley geométrica que dice que *el ángulo que forman el haz reflejado con la perpendicular al plano reflejante, es igual al ángulo que forma la perpendicular al plano reflejante con el haz incidente.* Si la superficie sobre la que se refleja, es una superficie especular no metálica, y el ángulo de incidencia tiene un cierto valor determinado por el material del "espejo" (índice de refringencia) la luz reflejada estará *polarizada.*

¿Qué significa que la luz sea polarizada?: que cuando emerge el rayo después de haber sido reflejado, las vibraciones del haz que al incidir lo hacían en todas las direcciones, vibrarán solamente en el plano paralelo al espejo.

La *luz polarizada* no es percibida por el ojo humano como distinta de la luz común.

La luz, se puede polarizar también por transmisión, a través de filtros naturales o fabricados artificialmente, llamados polarizadores. Los filtros son fabricados con una sustancia *dicroica,* es decir, que absorbe la luz no polarizada en todos los planos de vibración, salvo en uno de los planos. En la fabricación de los filtros interviene el *yodosulfato de quinina,* que forma una

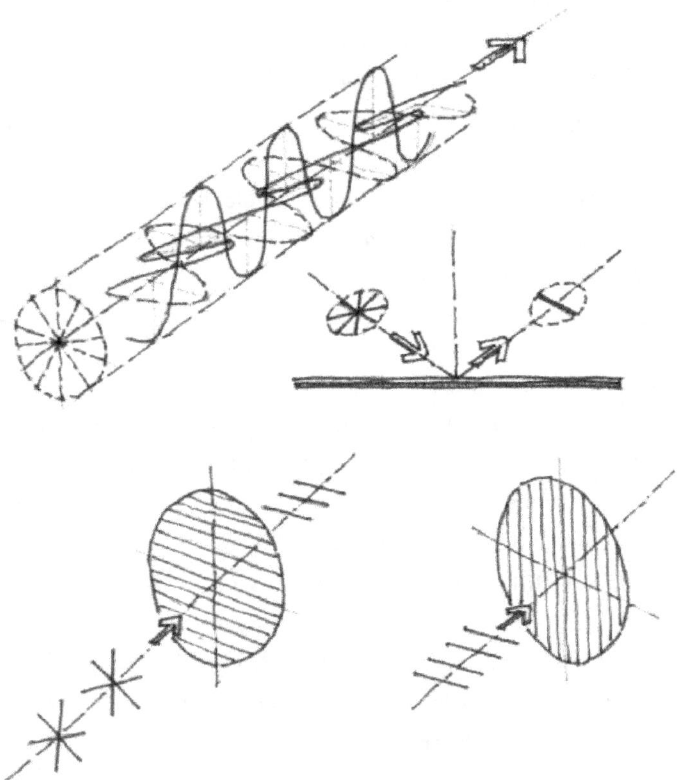

estructura de cadenas moleculares paralelas a todo el filtro. Imagine el lector que el filtro polarizador es un emparrillado vertical a través del cual, cuando lo atraviesa un haz de luz, convierte a ésta en una serie de láminas de luz paralelas a la parrilla.

Si se colocan dos filtros alineados con el haz, y con su emparrillado en posición coincidente, pasará la totalidad de la luz, y ésta será *polarizada*. Si ahora hacemos rotar uno de los filtros relativamente con respecto al otro, la cantidad de luz pasante irá disminuyendo, hasta ser totalmente bloqueada cuando el ángulo de giro sea de 90 grados.

El primer vidrio, causa del fenómeno, se llama *polarizador*, el segundo, que nos revela el fenómeno, se llama *analizador*. Sin el primero no podríamos polarizar la luz, sin el segundo no podríamos saber si está o no polarizada, porque el ojo humano no distingue entre luz natural y luz polarizada. Algunos materiales poseen un solo índice de refringencia, o sea el ángulo de incidencia de la luz con la cual ésta se polariza totalmente. En el vidrio común este ángulo es de aproximadamente 56 a 57 grados, en el agua, de 53 grados.

Algunas sustancias transparentes, como el celuloide o la bakelita, y algunos materiales plásticos, son *monorrefringentes* en condiciones normales, pero se vuelven *birrefringentes* (tienen dos índices de polarización) cuando se los somete a tensiones.

FOTOELASTICIDAD: en ingeniería se presenta muy a menudo el problema siguiente: averiguar cómo se distribuyen internamente las fuerzas y deformaciones de un cuerpo al que se lo comprime o se lo tensiona de una manera determinada; por ejemplo, como se deforma internamente el gancho de un guinche cuando de él pende un peso.

Conociendo la distribución de las tensiones y deformaciones internas, se puede saber cuál es la zona que "sufre" más, y en dónde, eventualmente, puede producirse una rotura. El problema es muy complejo, pues son muy variables los cuerpos a analizar y las fuerzas que actúan. Y una de las soluciones aproximadas se obtiene aplicando el llamado método fotoelástico, basado en el siguiente fenómeno: ciertas sustancias transparentes, –el celuloide, la bakelita– son monorrefringentes en condiciones normales, como ya hemos dicho, pero si se las somete a tensiones, se vuelven birrefringentes. Se procede entonces de la siguiente manera: se construye en celuloide o bakelita, un modelo del cuerpo que se estudia y se le aplican tensiones: en el ejemplo anterior, se construye un "gancho" de celuloide y se lo carga como se haría con el gancho real. Sobre el modelo se hace incidir luz polarizada, a la que luego se le hace atravesar un analizador. La luz polarizada que atraviesa el modelo se divide en dos componentes que vibran en el plano de polarización de éste, mientras que las otras son interceptadas y eliminadas. Colocando una placa fotográfica a continuación del analizador, se obtiene una fotografía de líneas brillantes y oscuras que indican las variaciones de refracción producidas por las tensiones aplicadas al modelo. Si se trabaja con luz blanca, la fotografía se obtiene en colores a consecuencia de la diferencia de velocidad de cada uno de los colores que la forman.

Se debe tener en consideración que las tensiones puestas en evidencia por la luz polarizada, son sólo una aproximación, ya que el gancho modelo es plano, bidimensional, y en la realidad el gancho tendrá cuerpo y espesor, y las tensiones harán caminos que no serán los mismos. Lo mismo ocurriría si hiciéramos el modelo de una viga simplemente apoyada. Al cargarla, se pondrían en evidencia las líneas isostáticas de tracción y compresión que recorrerían todo el cuerpo de la viga.

Hasta aquí, la Naturaleza y el fenómeno de la polarización. La Biónica, toma estos conceptos y canaliza las posibilidades de utilización, en estos casos, en temas de arquitectura o de diseño industrial.
Usando dos láminas de polaroid, haciéndolas recorrer por ejemplo, una puerta de cristal templado tipo "Blindex", cada una por cada lado del vidrio, se podrá observar con mucha claridad, la distribución de las tensiones en el cristal, la concentración de las mismas tensiones en los bordes, alrededor de los agujeros donde se colocarán los herrajes, y sobre todo en los ángulos entrantes.

Otra posible aplicación: en el edificio de "El Instituto del mundo árabe", obra proyectada por el Arq. Jean Nouvel, en París, Francia, en 1981/87, nos fue posible admirar una magnífica fachada, dotada de elementos altamente tecnológicos y complejos que regulaban la entrada de luz al edificio. Mecanismos que hacían recordar a los diafragmas de las máquinas fotográficas, abren y cierran las aberturas de las ventanas, permitiendo el paso de un mayor o menor caudal lumínico.

Con esta idea, de una regulación continua y controlada del paso de la luz, se propone una ventana compuesta por dos bastidores circulares de Polaroid,

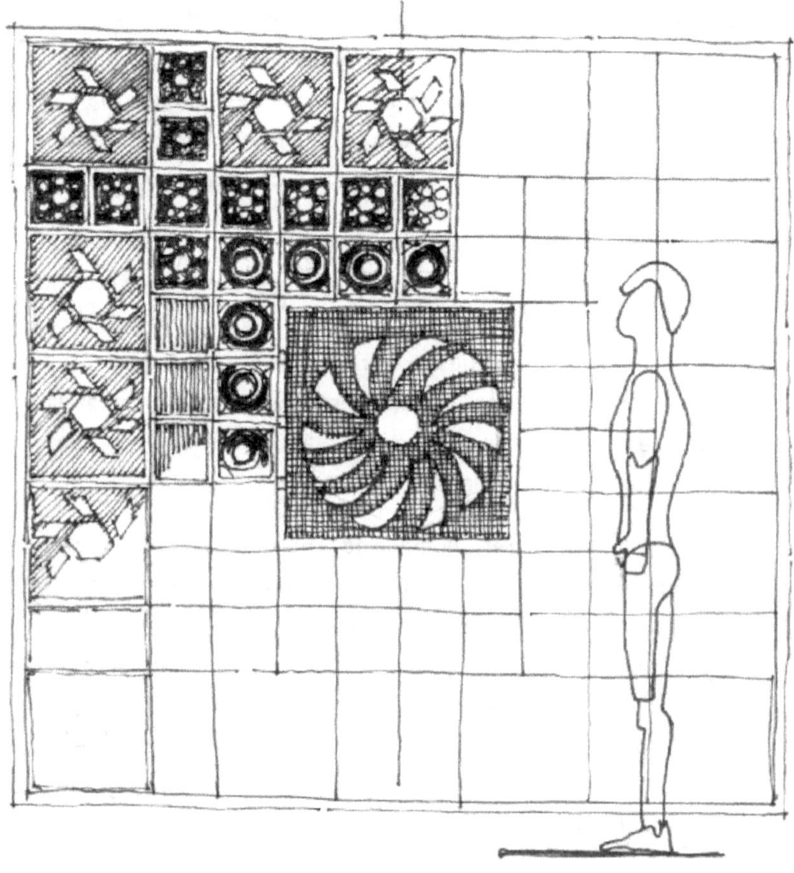

que giren concéntricamente, con lo cual se lograría desde el paso de luz total hasta la oscuridad completa, mediante el giro a 90 grados de un disco sobre otro. Parecida solución podría implementarse para claraboyas, en cuyo caso los discos girarían sobre planos horizontales.

El hecho de que el panel exterior sea fijo, simplifica y asegura la hermeticidad del conjunto. La industria tiene mucho que hacer y decir en un desarrollo de este tipo, pues sería deseable que los filtros, que en la actualidad son de acetato o alguna otra materia plástica, fueran de vidrio a fin de asegurar la rigidez mecánica y la seguridad de las láminas.

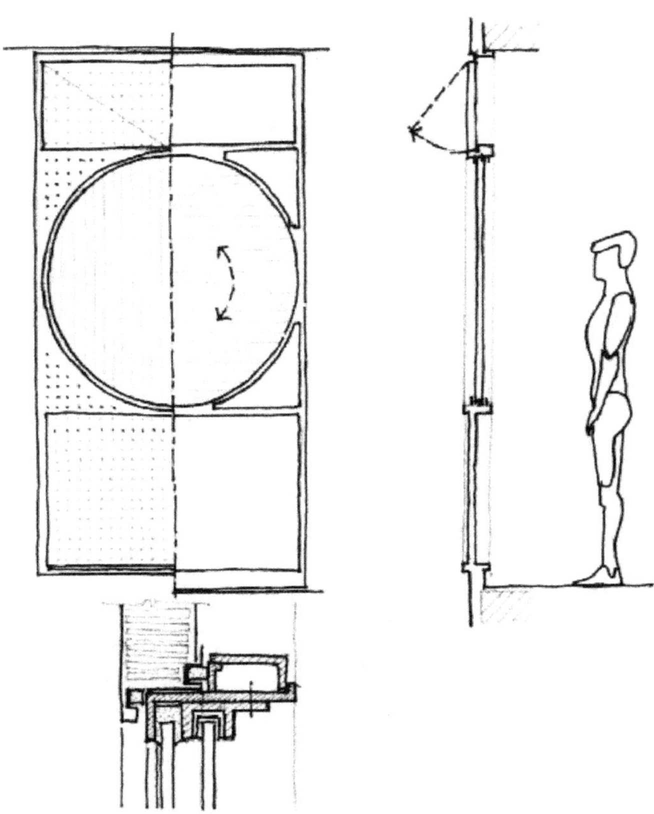

El Clima Natural
y sus Adaptaciones Biónicas

"La Naturaleza se enfrenta con nosotros como una empresa en marcha, sin secciones claramente separadas en las que ejerza funciones distintas."

BUKMINSTER FULLER

La vida, no es que exista **sobre** la superficie de la tierra, sino que **es** la superficie de la tierra. En un sentido muy real, la tierra está viva. Cada respiración nos conecta con el resto de la biosfera que también "respira", si bien que a un ritmo más lento. Esta respiración se aprecia en el incremento de la concentración de dióxido de carbono en la cara oscura del globo y su decrecimiento en la cara iluminada. La respiración anual es la marcada por el paso de las estaciones. La actividad fotosintética se reactiva en el hemisferio Norte cuando decae en el Sud.

En algún antiguo cataclismo, la tierra perdió la alineación del eje de giro, y ésto provoca ahora la sucesión de las estaciones.

En contra de la creencia popular, minerales y animales no pertenecen a reinos separados. Muchos minerales son producidos por los seres vivos, a veces en forma cristalina. Uno de los más comunes, el carbonato de calcio, forma la concha de muchos animales marinos. Otro compuesto, el fosfato cálcico, es precipitado por las células de nuestros huesos.

Aquí cabe esta cita de GIORDANO BRUNO:

"No veis que lo que fue semilla se convertirá en hierba verde, y la hierba en espiga, y la espiga en pan. El pan se convertirá en líquido nutriente, el cual produce sangre, y de la sangre semen, embrión, hombre, cadáver, tierra, roca y mineral, y así la materia cambiará de forma una y otra vez y es capaz de tomar cualquier forma natural."

En la actualidad se manejan dos opiniones opuestas acerca de la ciencia: están los que afirman que el desarrollo científico es destructivo y desearían volver a un mundo nostálgico, casi bucólico. Otros opinan que gracias a la tecnología que hemos desarrollado, no mueren de hambre las dos terceras partes de la población del mundo.

Quizá una posición más realista, nos haga ver que es inútil estar o no de acuerdo con el desarrollo alcanzado, lo que está hecho está hecho, y no se puede volver hacia atrás. Algo que todavía nos cabe, es reorientar nuestra tecnología hacia fines más inteligentes, reduciéndola.

A pesar de los progresos notables en otros campos, no se puede negar que la arquitectura en el plano de la adaptación al clima, en el del confort en general y en el del confort térmico en particular, sufre un período de estancamiento. Esto tiene su explicación en el progreso técnico mismo. Las técnicas de la calefacción y el acondicionamiento, la sustituyeron, pero no le dieron al hombre común la posibilidad de usufructuarlas.

Además, a todo esto ahora se suma el deber ético de ahorrar energía y agua que nos cabe a todos. Ha existido, existe, una brecha en la labor del físico y del arquitecto; la ignorancia de éste por la labor de aquél. Nuestras

Facultades no han logrado una inserción de estos temas, a nivel, digamos, de aquellas que conciernen a las estructuras.

Nos debe causar extrañeza que en el siglo del átomo, el hombre de países soleados de situación media, deba enfrentar problemas de presupuesto de calefacción en invierno o de un alojamiento sofocante en verano. Una de las causas de esto es que el progreso mecánico desvió a menudo la técnica de su verdadera finalidad: la mejora de la condición social. El técnico ha creado las máquinas sin dar al hombre el medio de procurárselas.

Con respecto al confort térmico, el físico y el arquitecto actúan separadamente, cada uno a través de su punto de vista particular, y limitado a sus problemas específicos.

Perspectiva histórica: posiblemente, el primer refugio del hombre fue la caverna, y su primer calefactor, el sol. La inercia térmica de la tierra, unida a una favorable orientación de la boca, le permitió vivir en condiciones de moderado confort. La fogata completaba su necesidad de calor en invierno y contribuía a mantener alejadas a las fieras. La arquitectura popular, es la mejor y más directa adaptación al clima y a los recursos.

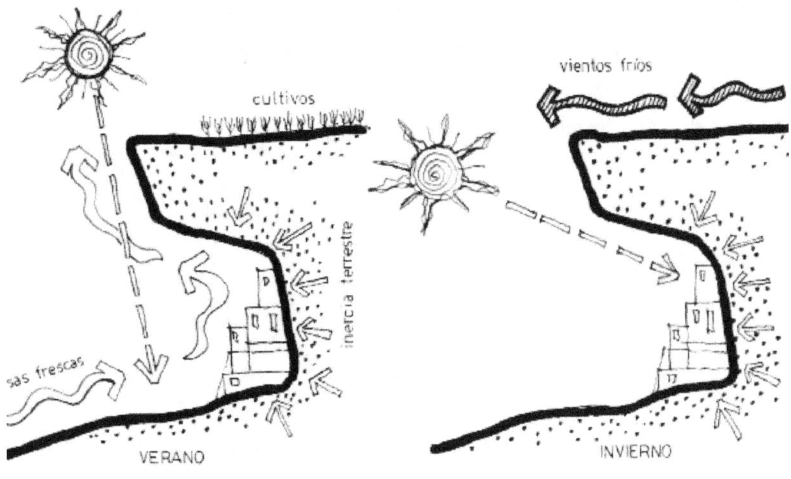

La adaptación de los proyectos de arquitectura al clima, tienen que ver con el confort, pero también con el ahorro energético. El caso del ahorro no es cambiar las lamparitas: se debe pensar en un cambio de mentalidad, algo que haga al ahorro de energía no en forma parcial o puntual, sino llegar a comprender que el ahorro vendrá por una suma de multitud de pequeños ahorros, que harán una suma considerable. Nos arreglaremos sólo con el diseño y la geometría, sin entrar en el aire acondicionado, las soluciones mecánicas (a la vez consumidoras de energía) el frío, los compresores, etc.

Debemos cambiar ligeramente los parámetros de confort, llevarlos a "un poco menos de confort." En invierno se debe sufrir un poco de frío y en verano un poco de calor, eso es adherir a una vida saludable, ya que la Naturaleza cambia sinusoidalmente y a lo largo de un año va cambiando las temperaturas.

Debe hacer uso de todas las condiciones favorables que brinde la latitud de la ubicación del edificio y el microclima en que esté inmerso.

Considerar que: el sol es la principal fuente de confort o de inconfort en los tratamientos de arquitectura bioclimática. El arquitecto sólo podrá controlar con cierto grado de eficiencia, precisamente el asoleamiento, en menor grado las corrientes de aire (vientos) y de alguna manera tratar de usar la inercia térmica de la tierra. A poco más de l m de profundidad, profundidad llamada "de los roedores", la temperatura se mantiene prácticamente constante, con pocas oscilaciones, a 18 grados.

Aire que Va y Viene

Los indios americanos dicen que: *"La forma del pez es modelada por el agua, y a su vez la forma del agua es modelada por el pez."*

La neumostática encuentra su razón de ser, cuando se aprendió que los gases tenían un cierto peso. Antiguamente se creía que los gases no pesaban. Este error persistió hasta la época de GALILEO, siglo XVII, quien mostró que los gases tenían peso. Después, su discípulo TORRICELLI pensó que el aire que compone la atmósfera debe ejercer una presión, y con algunas experiencias determinó el valor de la presión atmosférica. Una de las consecuencias más notables de todas estas realidades es el movimiento del aire, o sea el viento.

¿QUÉ ES EL VIENTO?:

Todos tenemos una idea bastante aproximada de qué es el viento. Es, en una primera aproximación, aire en movimiento.

Si nos remitimos a establecer definiciones más científicas, podríamos comenzar por las descripciones de la tierra como una esfera que al ser sometida a un calentamiento diferencial, define zonas que producen columnas de aire ascendentes. Estas columnas dejan en su base el lugar para que otras masas de aire concurran a esos sitios y así se produzcan los vientos.

Cada ser humano es un meteorólogo en potencia. Las excepciones a esta regla parecen constituirla aquellas personas que (en cantidad siempre creciente) viven en habitaciones con aire acondicionado, trabajan en oficinas dotadas con esta comodidad, y tanto para llegar a ellas como para regresar a sus hogares, viajan en automóviles que también tienen aire acondicionado.

El ámbito de la meteorología abarca todo lo que tenga relación con la atmósfera terrestre, desde una pequeña gota de rocío sobre una hojita de hierba hasta el más terrible huracán que barra una región de nuestro planeta.

El área de nuestra especialización, como constructores de edificios o viviendas en un sitio elegido, comprende aquello ligado sólo a las condiciones climáticas que Ud. puede apreciar en el sitio mismo. Pero aún dentro de esos confines relativamente estrechos que, por lo común, no encierran más que unas pocas docenas de kilómetros cuadrados de suelo, o a lo sumo varios cientos de ellos, hay mucho que estudiar y que pertenece a los dominios del meteorólogo. Esta persona, o el arquitecto puesto a meteorólogo, le da a ello el nombre de clima o tiempo local o microclima. Las circunstancias favorecen el hecho de que nosotros y nuestros vecinos inmediatos sepamos más acerca del clima local que lo que sabe cualquier otra persona en el mundo.

Nadie debe esperar a descubrir todo lo que pueda saberse acerca del clima regional, ni siquiera una fracción pequeña de ello. Sencillamente, hay demasiadas cosas para conocer allí. No existen dos pueblos, ni dos localidades, ni dos lugares cualesquiera, que posean exactamente el mismo clima local; cada uno posee su peculiar sello climático. Y al igual de lo que sucede con las impresiones digitales humanas, esa marca climática puede ser distorsionada y hasta cierto punto modificada por la obra del hombre, pero nunca puede alterarse hasta resultar irreconocible.

Por ejemplo, cuando uno se coloca en un lugar tal que el viento llegue a él después de haber soplado sobre un campo verde y fresco, sentirá sin duda el aura fragante y deliciosamente fresca, en contraste con lo que percibirá en contacto con el aire recalentado del desierto cercano. Es cierto que el resguardo que brinda un monte de álamos puede moderar el efecto punzante que la arena sobrecalentada confiere al reseco viento del desierto, pero el patrón general del clima local permanece inalterado. (Estoy pensando en algunas zonas del Neuquén o San Juan).

Las pajas bravas, juncos y cortaderas se inclinan y se yerguen a influjo del viento tal como han venido haciéndolo durante todo el tiempo que puedo recordar. Los cercos, con la parte que da a occidente revestida de papeles, ramitas y toda suerte de deshechos arrastrados por el aire, son mudo testimonio de la persistencia y la dirección de ese viento.

EL AIRE ES MODIFICABLE: nuestros sentidos lo están percibiendo en un momento determinado de su historia, historia que es de cambio perpetuo. El aire viene siendo constantemente calentado y enfriado, humedecido y desecado, revuelto y empujado.

Si uno desea saber cómo es que el aire que lo rodea ha adquirido precisamente ese estado, debería conocer algo más que su itinerario. Debería saber la velocidad con que recorrió cada tramo de su viaje sobre la superficie de la tierra, donde ha tomado resuello y cuánto tiempo ha estado detenido en cada estación.

Si uno quiere saber por qué el clima de su pueblo y de la zona circundante posee ese carácter general y no otro, debe conocer los caminos favoritos por los que transita el aire hasta llegar a su hogar. Y tiene que conocer además las paradas que efectúa habitualmente a lo largo de su recorrido; y también cómo cambian con las estaciones las condiciones que presentan esas vías aéreas.

Las direcciones de los vientos quedan en gran medida, determinadas por las condiciones locales.

El viento puede "verse"; si el viento suave adquiere la fuerza suficiente, los objetos que normalmente no resultan influidos por los vientos suaves se vuelven, como nuestro sombrero, buenos indicadores del viento, y de las condiciones locales; la más determinante es la topografía del terreno, colinas o elevaciones, quebradas o valles que encaucen o dirijan las brisas. En fin, que podría escribirse un grueso tratado de cómo se forman las brisas y los vientos.

Cinco vientos tienen influencia en la caracterización de los climas del territorio argentino: el Pampero, el Norte, la Sudestada, el Zonda y los vientos del Oeste. El Pampero llega al Plata proveniente del área pampeana, del sector cordillerano o por influencia de los vientos polares. Es un viento frío y seco, alivio de los hombres y de los animales, que han soportado por semanas el viento Norte. El enfrentamiento de estos dos vientos suele provocar lluvias, ya que tienen temperaturas, presiones y humedades diferentes. Hay dos clases de Pampero: el limpio y el sucio. El primero arrea nubes blancas como copos, mientras el segundo trae tierra o arena de las sequías de la pampa o a veces cenizas volcánicas. Se desplaza a velocidades de hasta 80 Km por hora. En ocasiones puede secar el Río de la Plata, ocasionando agudas bajantes.

La contrapartida es la Sudestada, que es un viento frío y húmedo, que se instala preponderantemente en la zona septentrional. Trae lluvias, a veces en grandes cantidades, provocando inundaciones. Cuando crece el Paraná y hay sudestada, el río puede crecer hasta 6 m, con las consecuencias mencionadas.

El viento Norte es húmedo pero muy cálido, por lo que hace que quite humedad en las zonas donde sopla. Por ser tan cálido hace que se produzcan diferencias de presión que conducen a una disminución del oxígeno, ocasionando molestias a hombres y animales.

El viento Zonda baja por la cordillera, pero ha dejado toda su humedad en el lado chileno de la misma: es seco y sumamente cálido y molesto.

Los vientos del Oeste bajan de la cordillera –muy fríos– desde la zona de Mendoza y Neuquén. Son secos y cuando soplan en los meses de noviembre y diciembre provocan granizadas en La Pampa, así como también heladas tardías que causan inconvenientes a los fruticultores.

El viento puede ser usado para muchas tareas, con su energía transformada en energía mecánica o eléctrica, para bombear agua, moler granos, etc. y en arquitectura, usando dispositivos y formas que permitan inducir y controlar la ventilación.

En este momento estoy percibiendo una cierta brisa que se mueve suavemente. Los sentidos lo están percibiendo en un momento determinado de su historia, historia que es de cambio permanente y perpetuo. El aire viene constantemente calentado y enfriado, humedecido y desecado, revuelto y empujado. Puede ser que la semana pasada fuese horneado en los altos y secos desiertos de la meseta patagónica. Puede ser que hace 2 semanas haya estado saturándose sobre las olas de la costa litoral del Atlántico. O quizá haya serpenteado, bochornoso y sofocante, por entre la selva del Noreste brasileño.

Cada uno de nosotros es un observatorio meteorológico que podemos abarcar el clima en su expresión local. Para emitir nuestras predicciones no necesitamos aparatos especiales sino sólo un par de ojos, buenas cualidades olfatorias y la propia piel, con esas cualidades de notable sensibilidad para detectar temperaturas, humedad y vientos. Bien que para el hombre de la ciudad estas condiciones están bastante restringidas, pues es difícil ver el horizonte, nuestro olfato está contaminado con gases y humos, pero podemos aún así hacer siempre el ejercicio de la observación: nubes que se muevan, ruidos que se transmiten con claridad desde un cierto cuadrante. Por ejemplo, cito mi caso particular: yo vivo en un suburbio al Norte de la Ciudad de Buenos Aires, en una calle perpendicular al Río de la Plata (una de aquellas calles que fueron límite de las "suertes" del reparto de Juan de Garay que corre Este-Oeste). Si por la mañana oigo el sonido del tránsito en la Avda. Panamericana (que es aproximadamente paralela al Río de la Plata, corre de Norte a Sud, por lo tanto perpendicular a donde está mi casa, a unas 8 cuadras) –repito– ese sonido particular de los neumáticos sobre la cinta de asfalto, y el de los motores exigidos por la velocidad, con claridad puedo casi asegurar que tendremos buen tiempo, pues está soplando el Pampero, que viene del Oeste, limpio y bastante enérgico:

"El Pampero arroja, hacia el mar las penas, donde las ahoga, para que no vuelvan." dice la canción.

Si todos los sonidos son amortiguados, como con sordina, sé que el tiempo no será tan bueno, habrá que esperar hasta más o menos las 10 de la mañana, cuando el sol caliente un poco, y observar si está nublado o se despeja, pero es muy probable que haya poco viento.

Queda la posibilidad que esté soplando viento SE, cargado de humedad, que es el que tiene más persistencia y no demasiada velocidad.

Estas observaciones del comportamiento de la Naturaleza en un sector reducido de la geografía, el "microclima", es el que a la hora de decidir un proyecto arquitectónico tendrá mayor predicamento en las decisiones, aunque no coincidan estos parámetros con la carta meteorológica.

Los vientos de superficie más variables de todo el planeta ocurren "grosso modo" a lo largo de dos anchas bandas que circundan toda la tierra y que son denominadas "cinturones occidentales." Cada uno de estos dos hemisferios, en el Norte y en el Sud, posee una de esas "fajas" la que abarca desde los 40 hasta los 50 grados de latitud más o menos. En las zonas que están por sobre estas latitudes, y en dirección al Ecuador, la variación de los vientos es muchísimo menor. Hawai, cuya latitud es de 19 grados Norte, recibe los vientos más constantes del mundo: los alisios, siempre del Noreste. Los vientos turbulentos en esta faja que dijimos, son, tanto en el hemisferio Norte como en el Sud, de Oeste a Este.

En el hemisferio Norte, estos ciclones, de entre 800 y 1.600 Km de diámetro, giran como el reloj. En el hemisferio Sud, al revés. El avance de los ciclones es entre 30 y 80 Km por hora.

Las direcciones de los vientos quedan, en gran medida, determinadas por las influencias locales. El terreno montañoso distorsiona los ciclones igual que las piedras en el río que corre tranquilamente. La formación y la desaparición de una de estas turbonadas tarda aproximadamente una semana. Están muy condicionados por las estaciones y por el recorrido del sol. Estas corrientes, cuando son ascendentes son provocadas por el choque o la "convergencia" de corrientes que se han bifurcado alrededor de un obstáculo, por ejemplo.

Algunos ejercicios con fluidos: cuando observamos una corriente de líquido que se desliza, por ejemplo agua, por una canaleta metálica bruñida, podemos ver que la velocidad del líquido es mayor en su parte central, y que va disminuyendo a medida que se acerca a sus laterales. En realidad también disminuye la velocidad en el plano de su base. Esto es así porque en el plano límite entre el agua y su contenedor, se produce una cierta adherencia entre la superficie de la canaleta mojada y la primer "lámina" del líquido en contacto con ella. Si el fluido en movimiento es aire, ocurre un fenómeno parecido.

La masa de aire, sufre un retraso, se queda como pegada o adherida a las superficies que lo encauzan, lo empujan o lo contienen, a través de esa delgada capa a la que se llama "capa límite." Para lograr que esa capa límite pierda parte de su eficacia como retardataria del movimiento, es que se acude a ciertas acciones mecánicas que modifican la superficie. Una forma es la que se aplica a las superficies de las palas de las hélices de algunos ventiladores, donde se modifica su superficie tersa, con pequeñas depresiones, picado o gofrado, que hacen que cuando el ventilador adquiere velocidad, esa capa límite "se rompe" aumentando la eficacia del empuje del rotor o hélice. Un ejemplo muy visto es el de la pelota de golf, que también mejora su penetración en el aire por medio de sus depresiones superficiales, depresiones que son pequeñas semiesferas que reducen la fricción o el rozamiento del aire.

Cuando en una corriente de aire, se introduce alguna pieza que modifica la "vena", ocurren algunos fenómenos que se producen por dicha modificación, que cambia sus condiciones de movimiento y energía. Cuando estas piezas son fusiformes (o fuseladas), las pérdidas de energía son menores. En distintos manuales, se puede apreciar los porcentajes de pérdida debido al cambio de forma.

Lo mismo sucede con el agua, y allí, diferentes peces exhiben sus coeficientes de penetración (Drag).

OBSERVACIONES ANTES DE LA BIÓNICA: frente al mar, un amante jardinero establece una barrera de arbustos de "acacia trinervis", a fin de proteger sus rosales, que coloca arrimados a la barrera, y a sotavento. El aire que viene del mar, salobre y arrachado "quema" sus rosales con gran desilusión del jardinero. Observando atentamente, porque ese viento trae papeles y restos de vegetales con él, comprueba que inmediatamente de saltar sobre la barrera, desciende formando un rulo, y atacando sus rosales en dirección inversa a la que traía. Conclusión: la protección de la barrera se establece a una cierta distancia de la barrera, no inmediata a ella.

Otra: cuando se producen ventarrones, en un techo a dos aguas, o en un techo de los mal llamados parabólicos que en general tienen sección circular, el viento arranca los techos a sotavento, pues produce depresiones o aspiraciones cuando sus filetes son comprimidos por la forma de "ala de avión" a barlovento.

Una solución consiste en colocar en su cumbrera, o en general donde las formas de la sección del modelo sometido al viento cambian (en este caso el galpón) elementos que rompan la continuidad de la vena de aire en movimiento, y le quiten parte de su energía. Esto se logra colocando alambres tendidos sobre la cumbreras o en la prolongación de los aleros, o en ambos sitios.

La energía del viento, se transformará en calor y sonido, pero el techo sobrevivirá (¡).

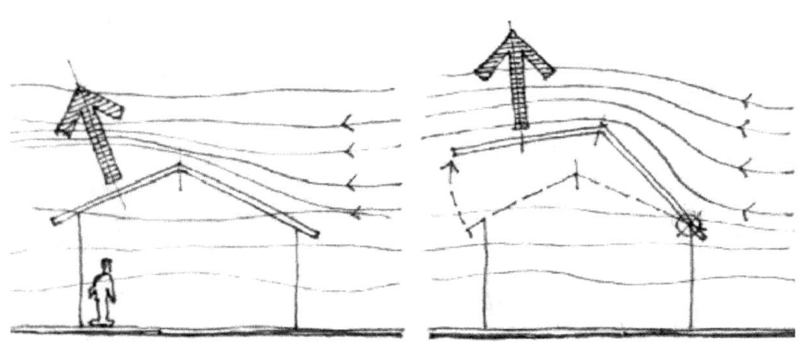

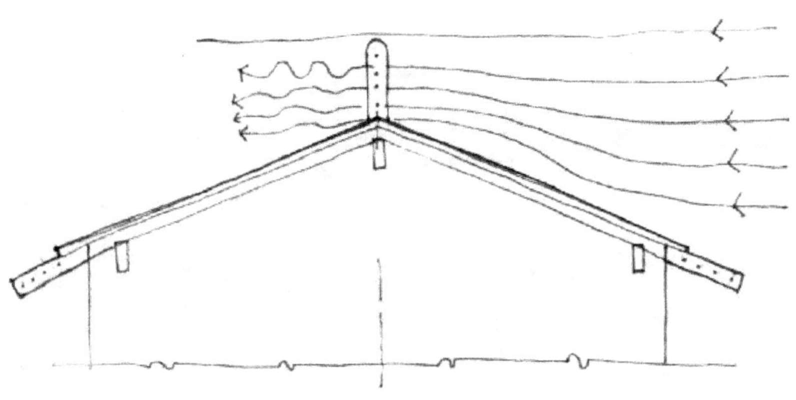

En la industria aeronáutica, este recurso es muy usado en las alas de los aviones, cuando se desea que a cierta velocidad no actúen como superficies sustentantes: se los llama "spoilers."

En los galpones de esquila "más grandes del mundo", de las estancias patagónicas, sus cumbreras están coronadas por cresterías metálicas, que muy posiblemente cumplirían la misma finalidad en las ventosas campañas del país de Gales, donde han tenido su origen.

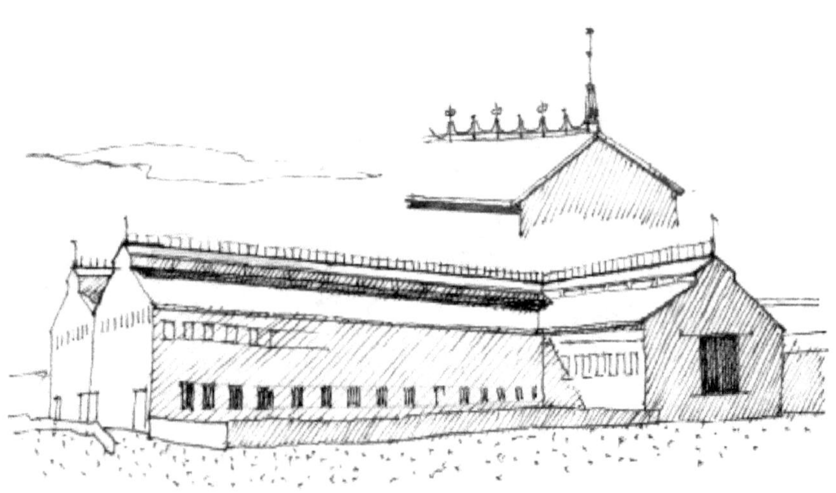

La Energía como un bien

"La cuestión sigue siendo: Supervivencia por la virtud o conde-

nación y muerte por nuestra propia culpa."

RICHARD NEUTRA

Todos tenemos conciencia que no debemos tirar el pan, sabemos que el hambre existe y que los alimentos no son propiedad de nadie, que deben distribuirse y cuidarse porque hacen al bienestar de la comunidad.

No es tan claro el concepto que tiene que ver con el uso de la energía, pero ésta debe tratarse con igual cuidado; a igualdad de resultados debemos inclinarnos por el uso de materiales energéticamente más económicos.

Consideración importante a tener en cuenta, es la cantidad de energía que se emplea en la elaboración de una vivienda: se estima que la suma de energía empleada en la construcción de una casa, es similar a la energía empleada durante su utilización entre 7 y 10 años. Estas comparaciones, por demás elocuentes, nos deberían orientar en la elección de los materiales; si podemos elegir hacer una pared con bloques de cerámica o con tierra estabilizada, a igualdad de otras condiciones como capacidad portante, aislante, etc. deberíamos inclinarnos por aquella que ha consumido menos energía de fabricación de sus componentes. Si consultamos una tabla de materiales y la cantidad de energía empleada para su fabricación, comprobamos que el mismo volumen de mampostería construido con bloques de cemento, de cerámica y de tierra, consumieron energía en proporción de 38, 26 y 1 respectivamente.

LA DOCENCIA UNA VEZ MÁS: los constructores, los arquitectos, debemos apoyar nuestras propuestas con un seguimiento docente que debe comenzar en la escuela primaria, y debe orientarse a la toma de conciencia de la importancia de los temas que aquí tratamos. Estudiantes egresados de la escuela secundaria, suelen no tener la percepción de que una de las más importantes responsabilidades que lo aguardan, es la de proveerse de su propio albergue. Tratemos de no regalar pescado si no enseñar a pescar.

LA VIVIENDA: a medida que se baja en la escala económica, el Medio Ambiente desempeña un papel crecientemente importante en nuestra salud mental y en nuestras actividades. Obviamente, las localizaciones habitacionales de alto valor adquisitivo, se implementan en sitios que por su amplitud, equipamiento, condiciones paisajísticas, etc. contribuyen a un género de vida de alta calidad. No ocurre lo mismo cuando el postulante a albergue tiene recursos medios o escasos. Generalmente debe ubicar su vivienda en sitios con cualidades poco atractivas, lejos de su trabajo o centros de interés, sin infraestructura adecuada. Eso se agrava, en los casos como los de nuestra geografía (me estoy refiriendo concretamente a la Provincia de Buenos Aires) donde el clima permite que el habitante pueda vivir casi 9 meses del año en lugares abiertos o semicubiertos (patios, galerías etc. en lo que debería ser un contacto generoso con árboles y plantas, pero que en realidad es un mezquino espacio entre paredes.

LA TECNOLOGÍA: deberíamos cambiar las bases tecnológicas de la industrialización, y desarrollar una nueva tecnología de la edificación verdaderamente más adecuada a nuestras necesidades. Las proposiciones deben recorrer toda la gama, desde las complejidades de la alta tecnología, a la simplicidad de las tecnologías "blandas"; desde los medioambientes controlados por computadoras a las casas de tierra y madera. El interés reside en desarrollar tecnologías que den respuestas tanto al Medio Ambiente como a los factores humanos. Se debe pensar en sistemas idóneos para habitar, para vivir, y no meramente casas; que contribuyan a conservar la energía, que utilicen los recursos naturales escasos, económica y eficientemente, que puedan reciclar los materiales, que se enriquezcan con el tiempo y funcionen armónicamente con la Naturaleza.

Las aproximaciones de bajo valor tecnológico son las únicas que podemos pagar en forma inmediata y por lo tanto quizá sea el área que se debe desarrollar. No proponer soluciones con topadoras ni grúas, porque las reparaciones o ampliaciones por parte del propio usuario serían imposibles. En nuestro país, el 95% de la superficie construida es vivienda; también este porcentaje, o muy parecido, corresponde a construcciones hechas sin la intervención de arquitectos, aunque éstos lentamente van penetrando en la franja correspondiente.

Una casa, es la mayor adquisición individual que pueden hacer la mayoría de las familias a lo largo de toda su vida, y los ahorros acumulados casi nunca son suficientes para pagar una casa completa. Como elección fundamental, ocupa el primer lugar en la preferencia de la generalidad de las personas; le siguen deseos que se confunden entre la realidad y la fantasía, como el viaje aéreo al exterior o el automóvil nuevo.

"No hay nada tan estético en materia de vivienda, como proporcionar una a quien la necesita."

Fernández Ordóñez.

Es posiblemente el único bien por el cual el hombre es capaz de ahorrar sobre el hambre.

Es por todas estas razones, que se debe cuidar extremadamente la relación de estas construcciones con el medio ambiente, pues su aparición y proliferación fuera de control, logran en poco tiempo la destrucción del espacio físico, su degradación.

Contrariamente con lo que sucede con los automóviles, gran parte de las casas de los años 2050 ya existen, y coexistirán las casas tradicionales con las construidas según nuevas (¿) formulaciones. Esta contradicción es manifiesta: en el año 2010, viajaremos en autos (por lo menos en un gran porcentaje) que aún no han sido construidos, mientras que viviremos en casas que para las dos terceras partes (o más) de nosotros, serán las actuales.

Pero este paralelo es engañoso: el auto será nuevo y quizá distinto (quizá irá tendiendo a desaparecer) pero los caminos no; serán los mismos mejorados. Con las casas pasará algo parecido: iguales fachadas, nuevos equipamientos. Habrá un cierto número de objetos nuevos: hologramas, máquinas que harán los trabajos por nosotros, robots domésticos, etc.

Desaparecerán los cables y aparecerán las ondas: infrarrojas, ultrasonidos (desaparecerán los cortocircuitos y aparecerán las interferencias). Tendrán una mini central informática para cierto tipo de actividades. Es probable que el horno tenga un modelizador-indicador en cristal líquido, que permita ver el gráfico del informe sobre la evolución de la temperatura, pero al mismo tiempo será bueno ver como se dora el pollo y sentir su aroma.

Para minimizar el consumo de energía, no hay recetas mágicas, pero tenemos un arsenal de medios: bombas de calor, captadores solares (celdas o calentadores), acumuladores de calor de agua o piedra. Aislaciones gruesas (casas de energía cero). Postigos corredizos, reflejantes, burletes; microprocesadores para medir y controlar la iluminación, la climatización, etc.

Nuestras casas, bien concebidas y administradas, deberán consumir diez veces menos, así como los artefactos lo han hecho y lo siguen haciendo: la radio, en 30 años consume cien veces menos. En síntesis, en nuestras casas, se debería dar el encuentro de las tecnologías de todo el espectro: mano de obra abundante y materiales simples para la cáscara; poco, mínimo en tamaño y refinado equipo en su interior: unas toneladas de tierra y madera y unos pocos gramos de cobre, germanio y silicio armoniosamente dispuestos.

EN RESUMEN: reconocer humildemente nuestra torpeza con el uso de los recursos naturales, la dificultad que entraña esta tarea y la delicadeza de que es merecedora.

La necesidad de que todos tomemos conciencia que el problema de la calidad de vida es un problema que involucra a toda la comunidad, y que se deben presentar frentes integrados por todos los estratos de la sociedad.

Saber que la persistencia, la terquedad en los intentos será una de las principales virtudes de cualquier campaña en este sentido, y que su buen resultado, lo será como la suma de muchas pequeñas acciones. Todas las acciones que se emprendan, deben ser hechas en función social.

Nunca será suficiente el esfuerzo por reconocer la Naturaleza; nadie ama lo que no conoce.

Debemos plantar muchos árboles. Convengamos que somos hermanos de los mamíferos y primos de los árboles y las estrellas de mar.

Pensemos nuevas ciudades, nuevas formas de vivir. De la imaginación pueden brotar soluciones que pueden ayudar a nuestros hijos. Quizá no sean soluciones para hoy, pero anticiparlas será una ayuda para un mañana más próximo.

Revisemos nuestros conceptos sobre tecnologías: sobre todo en nuestros países empobrecidos, sólo potencialmente ricos, hace falta una profunda reflexión sobre los alcances de ellas.

En una sociedad que deseamos más justa, deberemos priorizar los derechos al espacio, al sol, al agua, para todos los habitantes.

Sobre todo los arquitectos, los constructores, y diseñadores industriales, debemos pensar en nuestro paso por la tierra como en puntas de pie: tratemos de no dejar huellas perdurables; será nuestra forma de trascender.

La eficiencia energética no es un concepto nuevo de diseño. El contexto de los edificios se ha definido siempre por limitaciones de clima y materiales.

El arquitecto deberá plantear sus condiciones de confort, en términos generales, así como plantea sus estructuras; después vendrán los cálculos y las verificaciones a cargo de técnicos especializados. Debería aprender a manejar pautas de diseño de conservación de energía, y utilizarlas ni más ni menos como maneja las otras necesidades.

El papel del técnico es compensar con un aporte de energía las influencias térmicas exteriores que él admite como datos del problema, mientras que el papel del arquitecto es usar con astucia de estas influencias para evitar tener o desviar las que le son desfavorables: problema de selectividad y de intercambios térmicos en los dos sentidos en el caso del arquitecto; problema de regulación térmica en el caso del técnico.

ECONÓMICO Y BARATO: ligado al concepto anterior, está éste de tratar de diseñar construcciones que consuman poca energía, (de todo tipo, durante su construcción, como durante su vida útil), quizá usando técnicas bioambientales o solares, o inventando soluciones mixtas o de racionalización, donde se pongan en juego el proyecto, la puesta en obra, etc. Esto no significa que cuesten poco, que sean baratas, sino que sean económicas, vale decir, que la ecuación costo-mantenimiento sea adecuada.

Cuando el hornero (furnarius rufus) y su pareja construyen su nido, ponen en juego tal cantidad de recursos dictados por su instinto, como el más avanzado especialista en habitabilidad y conservación de energía.
Orientará la entrada, la única abertura, a la más favorable posición que lo proteja a él y a su familia de los vientos y las borrascas invernales; elegirá una cornisa, un poste o una horqueta que ya le brinden una primaria protección y un seguro anclaje a su edificio. Moldearán su casa –cantando jubilosamente– amasando barro mezclado con pajitas y otros restos orgánicos entrelazados, que dará a su bóveda resistencia de piedra La geometría del crecimiento es a "hiladas avanzadas", hiladas en realidad compuestas de pequeños chorizos de barro superpuestos, al decir de MARIO A. LÓPEZ OSORNIO. Terminará siendo un esferoide hueco, (forma que sabemos de mínima

superficie y máximo volumen, forma económica). El material de la casa del hornero hará de ella una casa pesada, entre 5 y 7 Kg. Con gran inercia térmica, semejante a las casas de adobe de los indios Pueblos de los Estados Unidos o al rancho pampeano. Su gruesa pared de barro, es capaz de acumular la energía del sol diurno, que será absorbida al encontrarse la radiación directa con un paramento de cierta textura y color oscuro.

Una disgresión a propósito: la costumbre de embellecer la casa pintándola cuando llega la primavera, tendría su origen en el hecho de que las casas primitivas –y el rancho pampeano también– recibían una mano de cal blanca cuando iba a comenzar el verano, a fin de atemperar los rigores de los

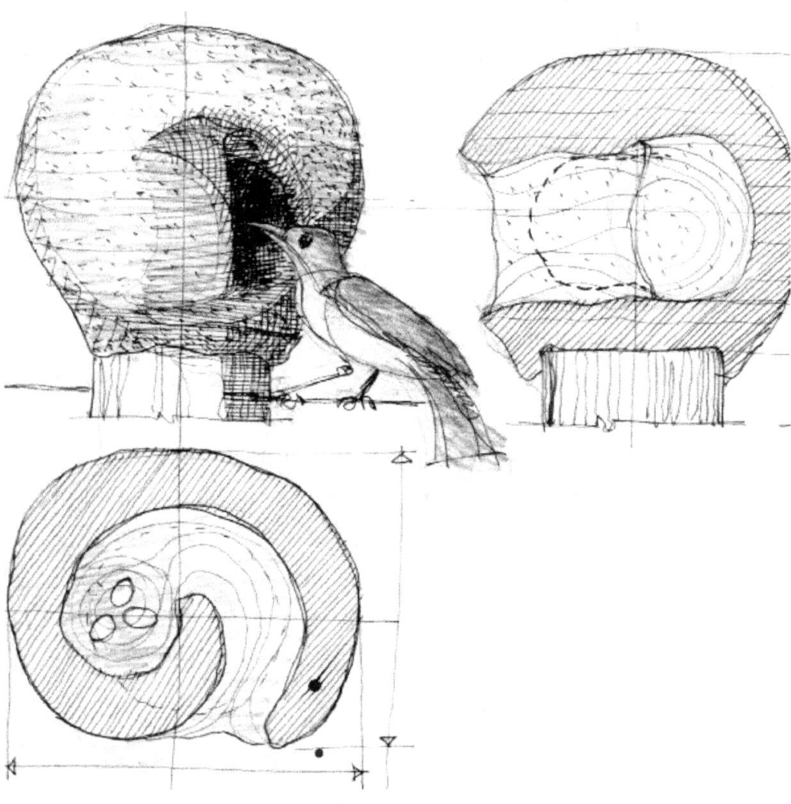

rayos del sol. Con las lluvias del otoño, la pintura se degradaba, dejando a la vista otra vez el barro oscuro, que admitiría los rayos tibios del sol de invierno; aparentemente, un caso de adecuación por el color a la necesidad de admitir o rechazar la energía solar.

Sigamos con el hornero: esta esfera hueca, así "cargada" de energía térmica, liberará su calor lentamente, haciendo más llevaderas a la hembra y los pichones las noches frías. El macho, semiexpuesto al exterior, ocupará la "sala."

El poeta Lugones dijo:

> *"La casita del hornero/ tiene alcoba y tiene sala/ y en la alcoba la hembra instala/ justamente el nido entero."*

"La radiación térmica de baja temperatura, que será la forma de liberación de la energía de la pared de barro, irá en parte hacia el interior y en parte hacia afuera": la que va hacia adentro, se concentrará aproximadamente en el centro geométrico del "hornito" dando tibieza a la madre y pichones. La radiación que va hacia fuera, se perderá por convección, o sea arrastrada por las corrientes de aire que la rodean. La textura exterior de esta casa, bastante áspera, rugosa, contribuirá a mantener la delgada capa de aire –la capa límite– que disminuye notablemente las pérdida convectivas. Como vemos, el hornero es todo un constructor lógico, económico y con sentido estético.

Si hacemos una extrapolación de la vivienda pájaro-hombre, nos encontramos con el iglú, quizá la más sintética elaboración cultural de un habitáculo monomaterial. El esquimal, usando solo y únicamente hielo y algunas pieles, construia su vivienda (*) de tamaño justo a sus necesidades y a sus medios, de forma también semiesférica y sin resignar –aún tratándose de

---

(*) Decimos construía, porque el esquimal actual vive en casas de poliuretano, se ha perdido la cultura de hacer un iglú; ¡que lástima!

un producto eminentemente funcional y energéticamente válido– las pautas estéticas, mágicas, culturales en suma, que siempre poseen las hechuras humanas auténticas.

La avispita llamada "camoatá" cuyo hábitat se extiende por nuestro litoral y las regiones vecinas de Uruguay, Paraguay y Brasil, construye ella también, bajo los árboles, en la semisombra, su panal, un elipsoide de aproximadamente 70 cm de diámetro mayor, suspendido de alguna rama y con la entrada por la parte inferior.

En este caso, el material de la pared exterior, es recio como el cartón, construido con pulpa de madera recogida y labrada por las avispas, de gran resistencia mecánica, de aspecto terso y erizado de púas no demasiado próximas. Es muy liviano, compuesto por varias capas, de modo que la protección térmica está prevista, en este caso, como en las paredes "sandwich" de un moderno edificio, usando materiales totalmente diferentes que el hornero. El hornero hace una construcción densa, pesada, que actuará por inercia. La avispa usa materiales livianos de los cuales usufructúa sus cualidades superficiales o "peliculares." Es una respuesta natural de adaptación a un clima cálido con poca variación de temperatura día/noche.

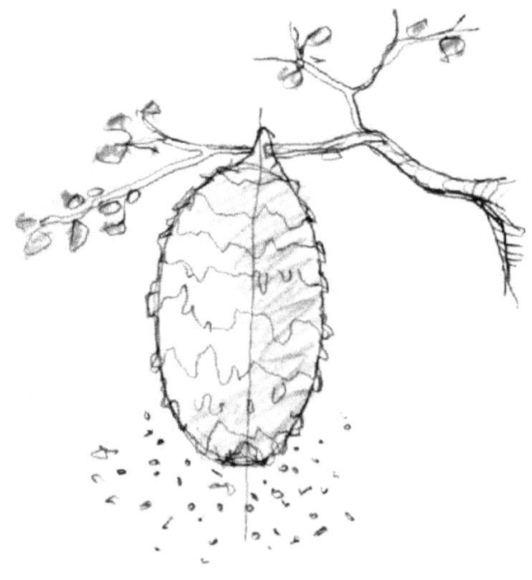

Los ejemplos de economía de energía en la Naturaleza son innumerables, desde que en ella, nada hay que no sea sintético, admirablemente armado con el menor número de elementos, aparentemente de la forma más simple que es posible, y que responde a la complejidad de las funciones con eficacia. Quien esté dispuesto, podrá pasar toda su vida observando la sabiduría, el ingenio, la habilidad que dicta el instinto a sus criaturas.

Las viviendas de los pueblos primitivos, participan en gran medida de las mismas cualidades, pues su conocimiento y experiencia a través del tiempo, les han dado una permanencia y una identidad con la región y el clima donde se implantan, hace decir a SPENGLER que:

"crecen como vegetales en el paisaje materno."

Epílogo

Estas líneas tienen ideas más o menos comunes: con matices, con priorida-
des, con preguntas que arrancan casi siempre de la observación atenta de las
soluciones de la Naturaleza y de las soluciones culturales que nos rodean.

De este conocimiento, del respeto por los recursos se desprenden formas de
hacer diseño que se van a resolver como soluciones económicas y sintéticas.
Sobre todo la síntesis estructural, considerando la estructura como aquello
que sostiene la totalidad de la composición. Y ésta, colocada respetuosamente en el paisaje, tratando de no romper su equilibrio.

También del conocimiento del hombre, como ser físico, psicológico y cultural,
pero principalmente como una pieza más del concierto de la Naturaleza, parte
componente del Medio Ambiente que lo es para todo lo que puebla la tierra.

Estas líneas también tienen muchas citas, producto de muchas lecturas, por
aquello que dijo Lope de Vega: *"Acompáñate de los buenos y tu lo parecerás."*

Arrancamos tratando de definir algunas cosas muy complejas: la Naturaleza y la Arquitectura, con puntos de vista muy variados y hasta con opiniones encontradas.

Pasamos a decir que entendemos por Biónica, una disciplina en la cual los conceptos que podamos arrimar, serán el resultado de la observación y la curiosidad, precisamente el nombre de los capítulos subsiguientes.

Quizá demasiado morosamente, producto del encantamiento que produce el tema, nos tomamos un amplio espacio para hablar de nuestro amigo el árbol.

Ya lanzados en temas opinables, sabiendo que rozamos lo polémico, intentamos una visión desde el oficio o el quehacer del proyectista y de las herramientas del proyecto.

Vemos luego algunos ejemplos que la Naturaleza ofrece a arquitectos y diseñadores que sepan observar y luego, a través de transformaciones biónicas lograr soluciones que seguramente serán brillantes y económicas. Muchas ya están implementadas. Otras están esperando al ejecutor sensible e inteligente que las interprete y aplique.

Quizá en estos apuntes no se encuentren demasiados caminos para iniciar las investigaciones, o tantos como sería deseable. Aquí hay sólo un puñado de insinuaciones, ningún método, sólo una cantidad limitada y harto conocida de posiciones que la Naturaleza ya tomó, que podrían servir a alguien en su comienzo. Lo que si puede apreciarse (¿) en estos apuntes, es que los temas, cualesquiera que sean, áridamente técnicos o casi rozando lo poético, son pasibles siempre de más de una mirada.

Ninguno de ellos agota ¿cómo podría? las posibilidades de búsqueda y estudio. Apenas abren una rendija por donde espiar un interior seductoramente secreto y apasionante.

Una bibliografía bastante extensa y ecléctica, invita a pasarse muchas horas de real interés y satisfacción con su revisión. En realidad, todo ésto no es más que una excusa para lograr que algún lector lo haga. Si alguien llega hasta este final sin quedarse dormido, se lo agradezco profundamente.

Bibliografía

Asimov, Isaac. "Fotosíntesis". Plaza y Janés Editores.

Barboo, J. "Arquitectura moderna en Asturias, Galicia, Castilla y León".

Batteson, Gregory. "Espíritu y Naturaleza". Amorrortu Editores.

Blanc, Charles. "Gramática de las artes del dibujo". Librería el Ateneo, Buenos Aires 1947.

Bohm. "Universo, mente y materia".

Brailowsky, Antonio E. Fogelman Dina. "Memoria verde". Editorial Sudamericana.

Cardellach, Félix. "Filosofía de las estructuras". Editores técnicos asociados S.A. Barcelona l970.

Carrell, Alexis. "La incógnita del hombre". Editorial Joaquín Gil. El Ateneo. Buenos Aires 1944.

Chanes, Rafael. "Deodendron". Editorial Blume 1969.

Cobos, Mariana. "Vegetación y clima en el diseño del paisaje urbano". Centro de Investigaciones del paisaje, FADU UBA.

Conti, Haroldo. "La balada del álamo carolina". Corregidor, Buenos Aires 1975.

CUATRECASAS, JUAN. "El Hombre, Animal óptico".

CURCIO, LUIS. "Estudios y reflexiones".

DI BARTOLO, CARMELO. "Naturaleza como modelo". Revista Experimente Nº 31 pág. 41.

DÍAZ PUERTAS, DIEGO. "Introducción a las estructuras de los edificios".

DIMITRI, MILÁN JORGE. "El libro del árbol". Editorial Celulosa Argentina Buenos Aires, 1973.

ERIZE, FRANCISCO. "El nuevo libro del árbol". El Ateneo, 1977.

FAVALORO, RENÉ G. "Recuerdos de un médico rural". Torres Agüero Editor 1992.

FAVALORO, RENÉ G. "De La Pampa a los Estados Unidos". Sudamericana 1992.

GHYCA, MATILA C. "Estética de las proporciones en la naturaleza y en las artes". Editorial Poseidón.

Instituto de Diseño, Facultad de Arquitectura, Universidad de la República, Montevideo, Uruguay, 1963. "Monografía de vegetales".

LE CORBUSIER. "La casa Dominó". Obras completas de Le Corbusier.

LE RICOLAIS, ROBERT. Revista L'architeture d'auyourd 'hui Nº 108 Jun/Jul 1963 págs. 85/101.

MAETERLINCK, MAURICIO. "La inteligencia de las flores". Editorial Hispamérica.

MARENGO DE TAPIA. "Los árboles y el paisaje". Ediciones Previas, EUDEBA FAU 1987.

MAZRIA, EDWARD. "El libro de la energía solar pasiva". Editorial Gili S.A. México 1983.

MC MAHÓN Y BONNER. "Tamaño y vida". Prensa Científica. Labor, Barcelona, 1983.

NAROSKY, T. e IZURIETA, D. "Guía para la identificación de aves de Argentina y de Uruguay".

NERVI, LUIS. "Estética y Tecnología".

PORCHIA, ANTONIO. "Voces". Hachette, Buenos Aires 1975.

REEVES, HUBERT. "El espacio adquiere la forma de mi mirada". Granica, Argentina 2000.

Revista Architectural Design, Julio 1961.

Revista de Investigación y Ciencia Nº 126, Crecimiento Fractal.

Revista SUMMA Nº 119, Diciembre 1973.

SCARPA, GIORGIO (Collana diretta da Bruno Munari) "Modelli di biónica". Zanicheli 1988.

TOMPKINS PETER y BIRD CHRISTOPHER. "La vida secreta de las plantas". Editorial Diana. México 1974

VON FRISCH, KARL. "Animal Architecture".